# Wandschoner
## und Haussprüche

Gestickte Sprüche und
Haussprüche aus 100 Jahren.

Gesammelt, fotografiert und beschrieben
von Arnold Pichler sen. & jun.

1. Auflage 2002

Alle Fotografien im Eigentum der Verfasser.
Gesamtheitliche oder auszugsweise
Vervielfältigung jeglicher Art ist untersagt.

## Impressum

Gesamtredaktion: Arnold Pichler sen. & jun.
Zusammenstellung: Arnold Pichler sen.
Satz und Layout: Arnold Pichler jun.
Herausgeber: Verlag Pfeifenberger
www.pfeifenberger.at

Druck: BOD

ISBN 3-901496-04-1

## - Inhalt -

Vorwort . . . . . . . . . . . . . . . . . . . . . . . 5
Einleitung. . . . . . . . . . . . . . . . . . . . . . 9
Zur Sticktechnik. . . . . . . . . . . . . . . . . . 15
Heim und Herd. . . . . . . . . . . . . . . . . . . 25
Auf der Alm und Weidmanns Heil . . . . . 35
Alltag und Lebensweisheit . . . . . . . . . . 45
Glaube und Tod . . . . . . . . . . . . . . . . . . 67
Haussprüche. . . . . . . . . . . . . . . . . . . . . 81
Bewahren und Neues schaffen. . . . . . . . 89

# Vorwort

*Vorwort*

## Warum es dieses Buch gibt

Im Sommer 2001 fand in den Räumlichkeiten des Pfarr- und Wallfahrtsmuseums in Mariapfarr die Sonderausstellung "Wandschoner" statt. Zu diesem Zweck haben wir ein halbes Jahr lang Wandschoner aus unserer Heimat, dem Lungau, und dem Bezirk Murau in der Steiermark gesammelt oder Fotos gemacht.
Schon während der Vorbereitungszeit entstand die Idee, zumindest einen kleinen Katalog mit den schönsten Exponaten herauszugeben. Zwei Reaktionen, auf die wir während der Ausstellung immer wieder stießen, haben uns überzeugt, das Projekt etwas umfassender zu gestalten.
Zum einen weckten die Wandschoner in vielen älteren Gästen der Sonderausstellung Erinnerungen an die eigene Stube, wo sie ähnlicher Wandschmuck während ihrer Kindheit begleitete.
Zum anderen fühlten sich nicht wenige jüngere Besucher inspiriert, selbst einmal so einen Wandschmuck anzufertigen und fragten nach Vorlagen und Tipps. In der Tat kommt das Sticken von Wandschonern wieder in Mode, wie wir nach Rückfrage in einigen Handarbeitsgeschäften erfahren konnten.
So entstand die Idee zu diesem Buch. Natürlich sind darin keine genauen Anleitungen enthalten, wie man einen Wandschoner stickt. Dafür sind andere zuständig. (Beachten Sie dazu auch die letzten Seiten!) Vielmehr wollen wir mit Ihnen eine kleine Wanderung

unternehmen, in eine Welt gestickter Sprüche und Weisheiten zu allen Lebensbereichen. Wir wollen Erinnerungen wecken, Anregungen geben, und vor allem hoffen, dass Sie beim Lesen so viel Freude haben, wie wir beim Zusammenstellen der Exponate.

## Technik und Methodik der Abbildungen

Dieses Buch enthält 125 Abbildungen. Um es am Ende nicht unerschwinglich werden zu lassen, war ein färbiger Druck ausgeschlossen. Das allerdings stellte uns vor nicht unerhebliche Probleme. So sind viele der Wandschoner im Laufe der Jahre ausgebleicht oder auch schmutzig, zerrissen und wieder geflickt worden. Immerhin haben unsere ältesten Exponate beinahe hundert Jahre gesehen.

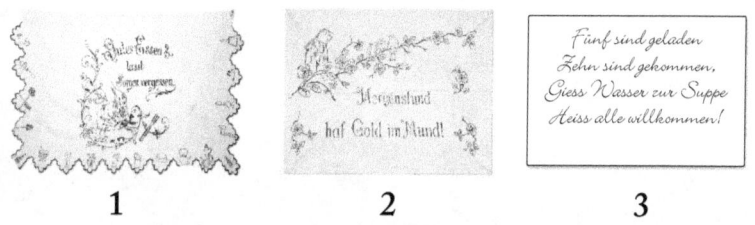

1   2   3

Es gibt drei Varianten von Abbildungen. Im Idealfall konnten wir den Wandschoner vollständig fotografieren, das trifft eigentlich für alle Exponate aus der Sonderausstellung zu (1). Manche waren am Rand schon sehr beschädigt, oder wir konnten sie aufgrund der

*Vorwort*

Gegebenheiten vor Ort nur teilweise fotografieren, diese sind beschnitten abgebildet und am schwarzen Rand erkennbar (2). Einige schließlich befanden sich an schwer zugänglichen Stellen, in dunklen Winkeln, teilweise verdeckt von Balken, oder sie waren so beschädigt, dass ein Abdruck nicht sinnvoll gewesen wäre. Von diesen Wandschonern haben wir nur den Spruch in dieses Buch übernommen (3).

Mariapfarr im Frühling 2002,
Die Verfasser Arnold Pichler sen. & jun.

# Einleitung

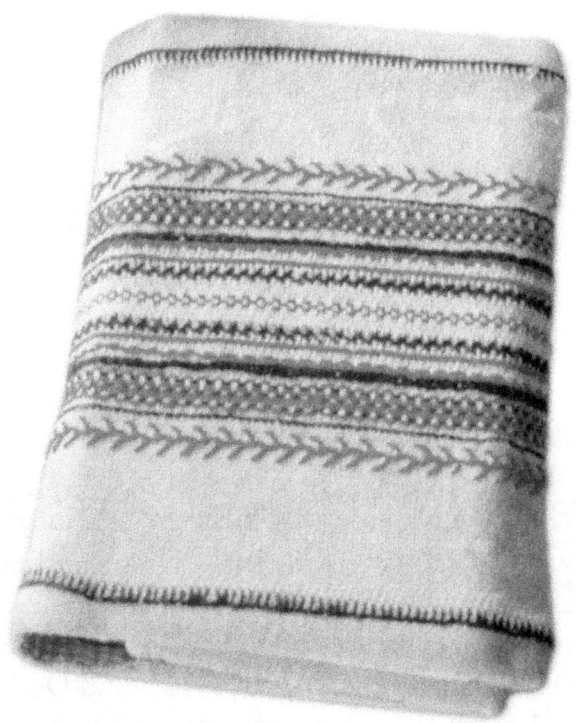

*Einleitung*

Textilien, hergestellt aus pflanzlichen oder tierischen Fasern, zählen zu den ursprünglichsten Erzeugnissen unserer Zivilisation. Ein Rohstoff dafür war der Flachs und seine Verarbeitung wichtiger Bestandteil des bäuerlichen Handwerks. Das durch Weben gewonnene Leinen diente auch als Grundlage für verschiedenartige Stickarbeiten zur Gestaltung des häuslichen Bereichs, wie Behänge (Wandschoner), Zierbänder und andere.

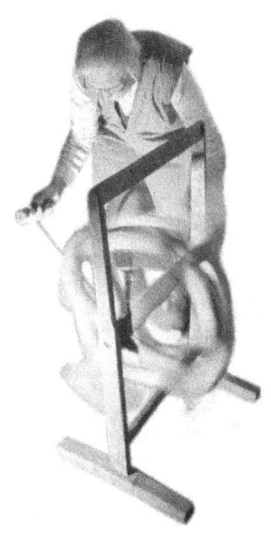

Wandschoner und bestickte Tücher haben in unserer Heimat eine lange Tradition. Ursprünglich in bürgerlichen Haushalten als Wandschmuck (vielleicht in Nachahmung kostbarer Wandteppiche in adeligen Häusern), aber auch als Zierde an Kissen und Deckchen üblich, kamen sie um die Wende zum zwanzigsten Jahrhundert auch in die Bauernhäuser.

## Einleitung

Die Behausungen der Bauern im ausgehenden neunzehnten Jahrhundert waren im Alpenland eher ärmlich und mit kleinen Wohnräumen ausgestattet, die kaum Platz für einen Wandschmuck ließen. Die freien Flächen waren von Gerätschaften besetzt. Lediglich die Schlafzimmer der Bauersleute, die sogenannte "Kachelstube", bot einigen Freiraum, der aber in der Regel mit religiösen Bildern besetzt war.

Die bestickten Tücher vor der Jahrhundertwende waren daher in erster Linie kleine Spruchbänder im "Herrgottswinkel" und Kastentücher - schmale Stoffbahnen, welche vor die Schrankbretter im Kasten mit dem Leinenvorrat gespannt waren. Diese Spruchbänder wurden stets von der Mutter auf die Tochter weitervererbt.

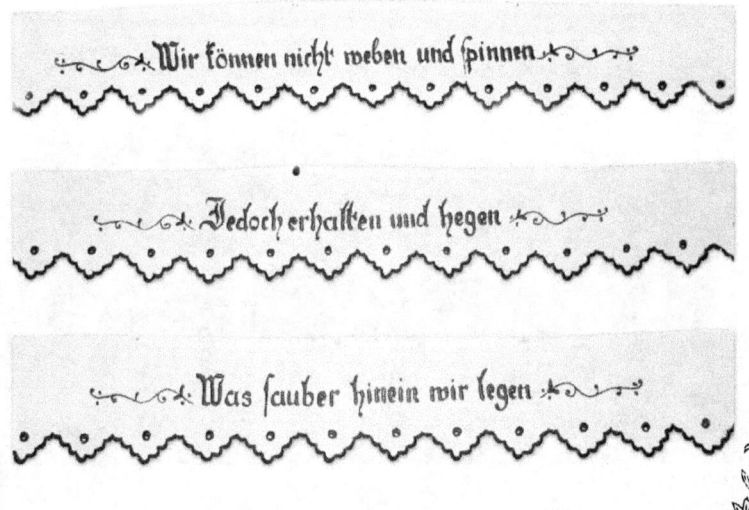

Wir können nicht weben und spinnen

Jedoch erhalten und hegen

Was sauber hinein wir legen

## Einleitung

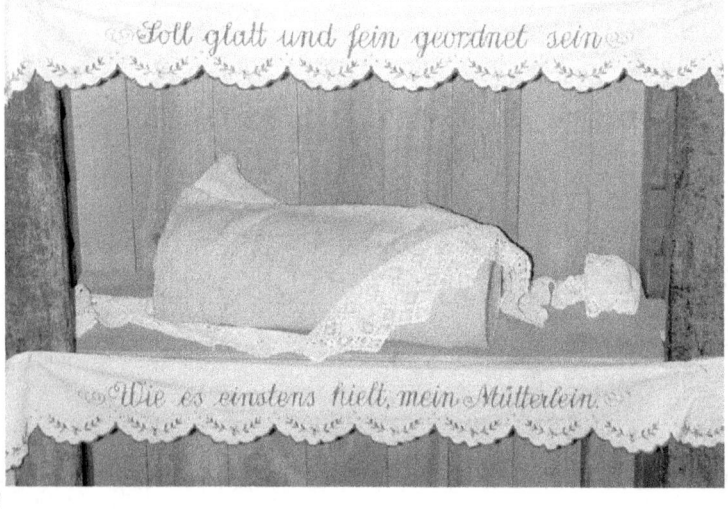

Was Mütterlein mir einst bescheert,
Halt ich in diesen Schranke wert,
Soll glatt und fein geordnet sein
Wie es einstens hielt, mein Mütterlein.

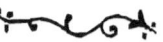 *Einleitung*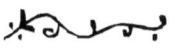

Um die Wende zum zwanzigsten Jahrhundert wurde im Handarbeitsunterricht an den Schulen dem gestalterischen Schaffen mehr Aufmerksamkeit zugewandt. Die Kinder lernten, Musterbänder zu stricken und häkeln, und dann einen "Musterfleck" mit verschiedenen Sticksticharten anzufertigen. Natürlich wurde auch das Stopfen und Nähen geübt, speziell das Ausnähen der Knopflöcher (Siehe dazu auch das nächste Kapitel "Sticktechnik").

Eine gute Handarbeitsschülerin war zum Abschluß ihrer Schulausbildung durchaus in der Lage, einen Polsterüberzug mit Einlegehäkelarbeit, meistens mit einem Seidenstoff unterfüttert, eine Schürze oder eine Flanellunterhose herzustellen.

Während des zweiten Weltkriegs wurden mangels textilen Rohmaterials verschiedene Motive auf Papier gedruckt und als Wandschoner aufgehängt.

Obwohl noch allgegenwärtig, kam das Anfertigen des gestickten Wandschmucks in den sechziger Jahren aus der Mode. Wandschoner wurden mehr und mehr in die Almhütten verbannt und zum Einrichtungsstück der auf rustikal getrimmten Gästezimmer.

Die letzten beiden Jahrzehnte des vergangenen Jahrhunderts brachten allerdings nicht nur eine Neuentdeckung der Wandschoner als historisch interessante Kunstwerke, viel mehr kommt das Anfertigen dieses Wandschmucks erneut in Mode.

# Zur Sticktechnik

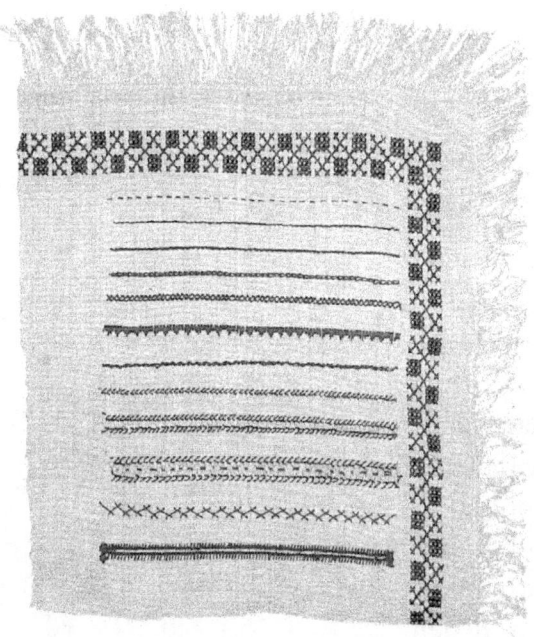

**B**eim Einsticken der Muster und Sprüchlein in die Wandschoner kommen verschiedenste Sticktechniken zum Einsatz. Jede dieser Techniken eignet sich für bestimmte Anwendungen, dieses Kapitel stellt die wichtigsten Stiche vor.
Gleichsam als "Meisterstück" wurde von den Mädchen oft das Anfertigen eines so genannten "Musterfleckens" verlangt, ein Stoffstück, auf welchem alle Stiche kunstvoll vereinigt waren. Für dieses Buch haben wir eigens einen solchen Musterflecken anfertigen lassen, an dessen Beispiel nun die einzelnen Stiche vorgestellt werden.

**V**on oben nach unten betrachtet sind auf dem Muster folgende Sticharten zu sehen:

1. Vorstich
2. Rückstich
3. Stielstich
4. Kettenstich
5. Kreuzstich
6. Blattstich
7. Verdeckter Kettenstich
8. Hohlsaum (einfach)
9. Hohlsaum (doppelt)
10. Hohlsaum (geteilt)
11. Hexenstich
12. Knopflochstich

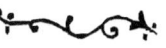
*Zur Sticktechnik*

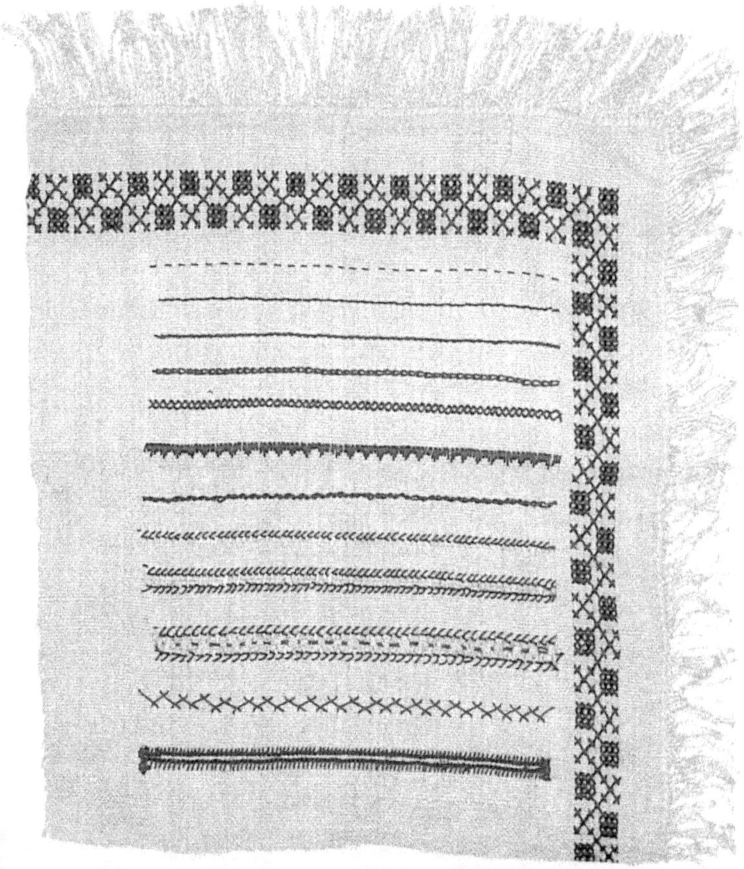

Auf den folgenden Seiten sind die einzelnen Stiche im Detail erklärt, die Abbildungen zeigen jeweils die Vorder- und Rückseite des entsprechenden Ausschnitts des Musterfleckens.

## 1. Vorstich

Vorne

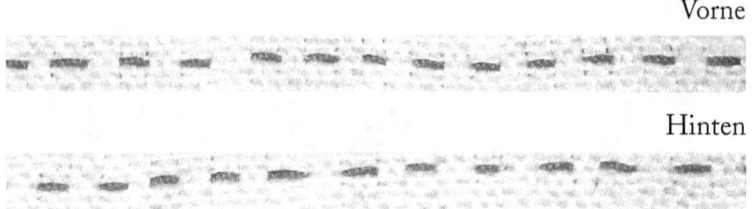

Hinten

Der Vorstich ist der einfachste Stich überhaupt und dient zur Herstellung von Linien, die unterbrochen oder durchgehend sein können. Er ist auch geeignet zum Zusammenheften von zwei Stoffstücken.

## 2. Rückstich

Vorne

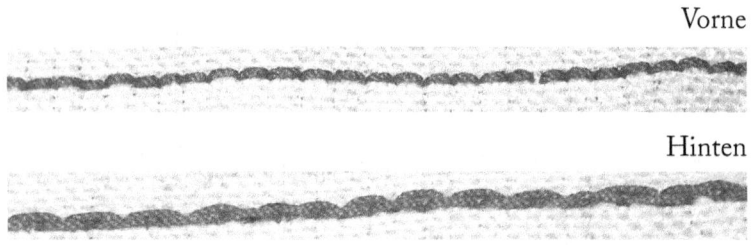

Hinten

Der Rückstich ist eine Stichart zum Nachsticken von Linien und Konturen. Dieser Stich wird von rechts nach links gearbeitet und geht auf der Rückseite über zwei Stiche.

## 3. Stielstich

Vorne

Hinten

Der Stielstich zeigt aneinander gereihte, jedoch schräge Stiche. Er wird sowohl als Konturenstich als auch zum Füllen von Mustern verwendet, der Faden liegt links oder rechts von der Nadel.

## 4. Kettenstich

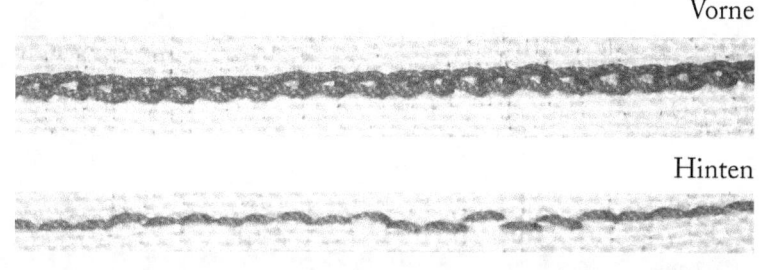

Vorne

Hinten

## 5. Kreuzstich

Vorne

Hinten

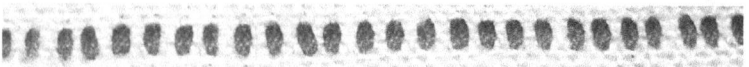

Bei dieser Stickart laufen die gekreuzten Fäden quer, das heißt diagonal zum Grundstoff. Der Kreuzstich gehört zu den ältesten und beliebtesten Formen der Stickerei und ist ideal zum Füllen großer Flächen. Der Stich wird im Winkel von 45 Grad gebildet. Die Kreuzungsstelle befindet sich in der Mitte, die Stichgröße bleibt konstant. wobei alle Deckstiche in einer Richtung liegen. Auch moderne Nähmaschinen beherrschen diesen Stich.

## 6. Blattstich

Vorne

Hinten

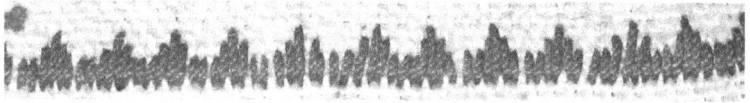

Der Blattstich (auch "Plattstich") ist ein sehr dicht aneinander gelegter Spann- oder Doppelsteppstich, der entweder waagrecht, senkrecht oder diagonal ausgeführt werden kann und vor allem zum Ausfüllen von Mustern verwendet wird.

## 7. Verdeckter Kettenstich

Vorne

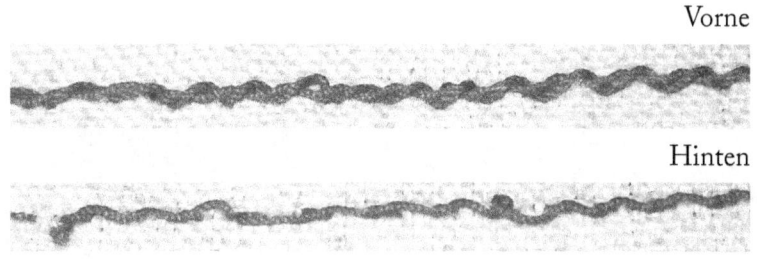

Hinten

Der Kettenstich (auch "Kettelstich") zählt zu den ältesten Stickstichen. Der Zierstich, dessen gelegte Schlingen sich gegenseitig verankern und an die Glieder einer Kette erinnern, ist ideal für lineare Arbeiten und kann in beliebigen Windungen ausgeführt werden.
Er ist in vielen Varianten weit verbreitet, zwei davon zeigt unser "Musterflecken" (siehe auch 9).


## 8. Hohlsaum (einfach)

Vorne

Hinten

## 9. Hohlsaum (doppelt)

Vorne

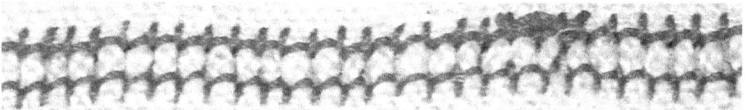

Hinten

## 10. Hohlsaum (geteilt)

Vorne

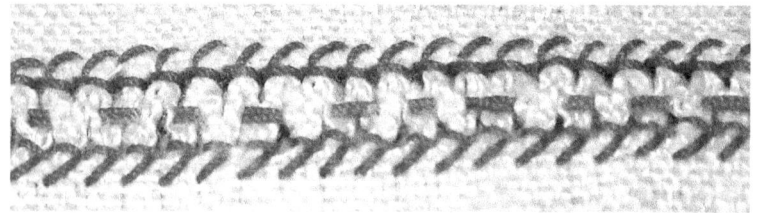

Hinten

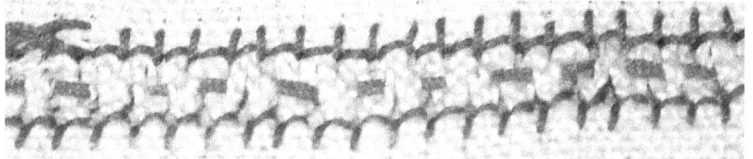

Bei der Hohlsaumstickerei entstehen durch Ausziehen von Fäden filetartige Durchbrechungen, die stehengebliebenen Fäden werden mit Stickstichen mustermäßig in Gruppen zusammengefasst. Dabei zieht man ausgezählte Fadengrupppen mit Stichen so zusammen, dass kleine Löcher oder Durchbrüche entstehen. Da die Stabilität des Stoffes durch das Entfernen der Fäden geschwächt wird, wendet man diese Technik vor allem für Ränder an. Auf unserem "Musterflecken" sind insgesamt 3 Varianten eingearbeitet.

## 11. Hexenstich

Vorne

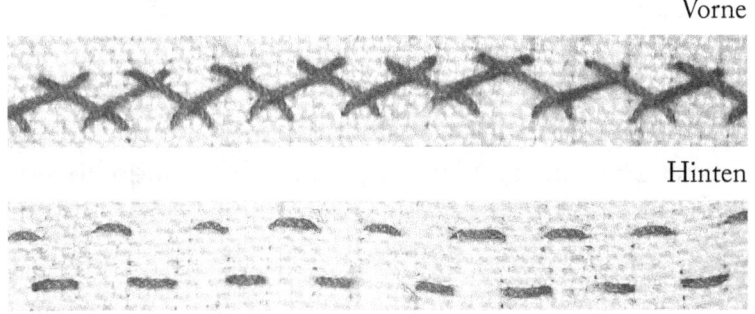

Hinten

Eine weit verbreitete Variante des Kreuzstiches, bei der die gekreuzten Fäden quer, das heißt diagonal und im Winkel von 45 Grad zum Grundstoff laufen. Im Gegensatz zum Kreuzstich überkreuzen sich die Stiche jedoch nicht in der Mitte, sondern abwechselnd weiter oben oder weiter unten, sodass eine gitterähnliche Wirkung entsteht.

## 12. Knopflochstich

Vorne

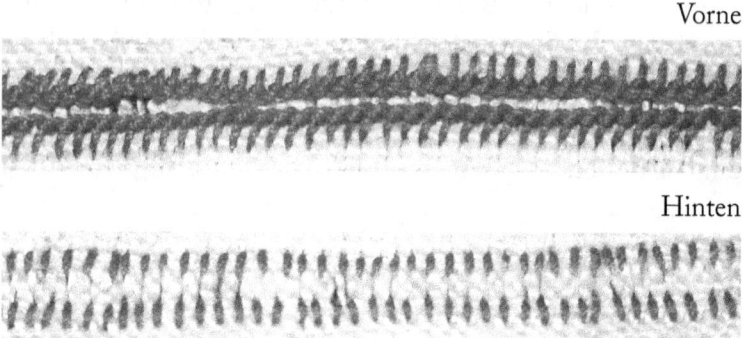

Hinten

Jeder Stich wird mit dem vorhergehenden verschlungen, so dass eine Fadenlinie entsteht, die Stiche werden dabei sehr eng nebeneinander ausgeführt. Bei Wandschonern dient der Stich in erster Linie zu dekorativen Zwecken.

# Heim
# &
# Herd

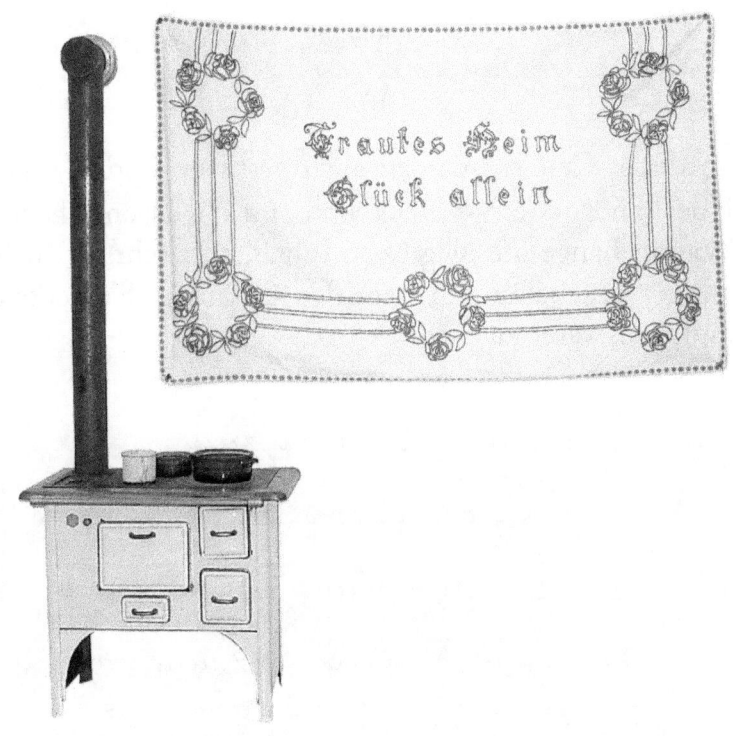

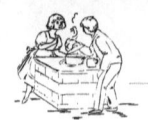 

## Heim & Herd

**N**icht nur in der Schule wurde auf die "Handarbeit" großer Wert gelegt , auch im Elternhaus mußten die Mädchen fleißig zu Nadel und Zwirn greifen. Die Mutter oder auch kundige Dienstboten waren die Lehrmeisterinnen. Auch lernten die jüngeren Geschwister von den älteren.

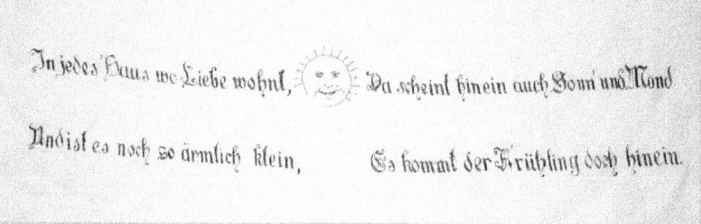

In jedes Haus wo Liebe wohnt, Da scheint hinein auch Sonn und Mond
Und ist es noch so ärmlich klein, Es kommt der Frühling doch hinein.

**I**n dieser Zeit entstanden auch gestickte Sprüche auf Überhandtüchern, Deckchen und Kissen. Erste Wandbehänge mit religiösem Inhalt, aber sehr oft auch schon Sprüche zu den Begriffen Ordnung, Sauberkeit und Fleiß waren zu lesen.

*Ohne Fleiß kein Preis*

*Liebe ist der beste Koch*

*Sich regen bringt Segen*

*Blank und Rein soll die Küche sein*

*Dem Tische Schutz , der Küche Putz*

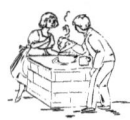

*Heim & Herd*

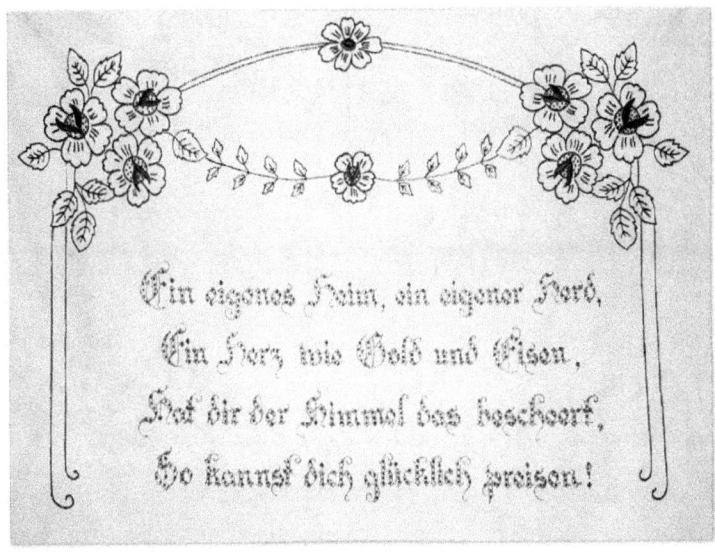

Ein eigenes Heim, ein eigener Herd,
Ein Herz wie Gold und Eisen,
Hat dir der Himmel das bescheert,
So kannst dich glücklich preisen!

Die Küche ist die "Werkstatt der Frau" und die Mahlzeit ein Höhepunkt des Tages.

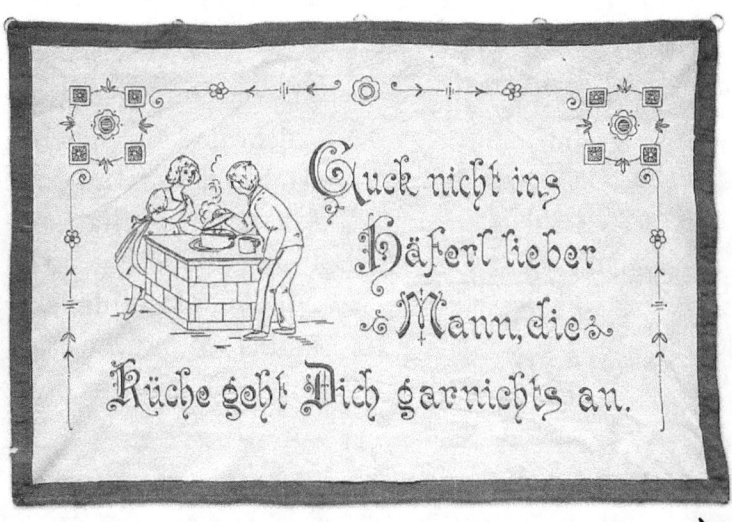

Guck nicht ins Häferl lieber Mann, die Küche geht Dich garnichts an.

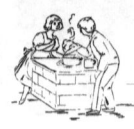 *Heim & Herd*

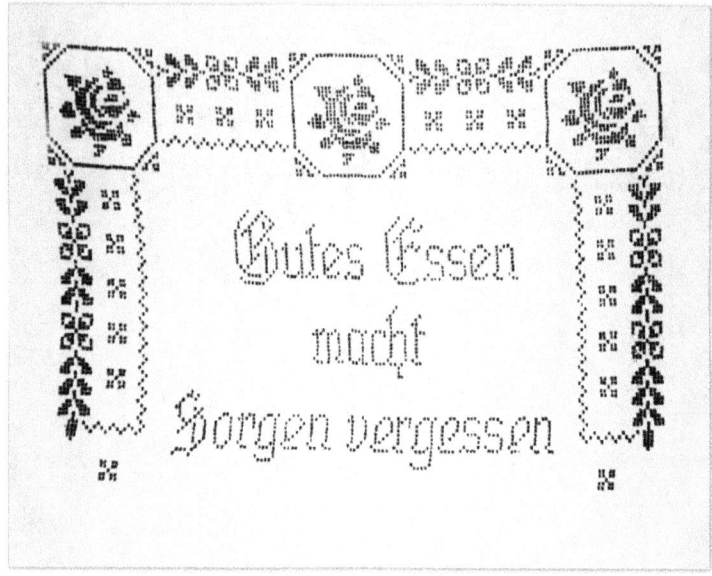

Gutes Essen macht Sorgen vergessen

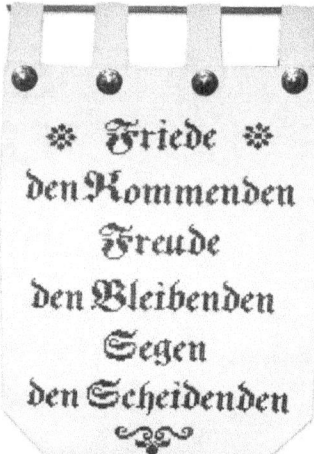

※ Friede ※
den Kommenden
Freude
den Bleibenden
Segen
den Scheidenden

In Verbindung mit der Küche und der täglichen Mahlzeit ist auch die Gastfreundschaft zu bringen, eine Tugend im Mittelpunkt zahlreicher gestickter Sprüche.

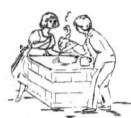

## Heim & Herd

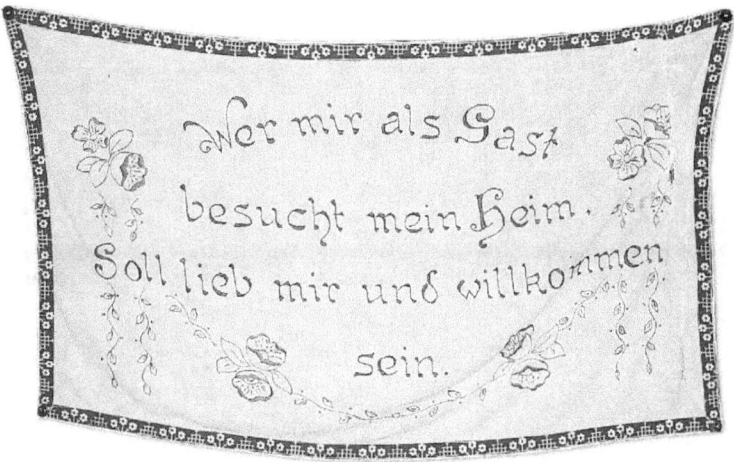

*Wer mir als Gast besucht mein Heim, Soll lieb mir und willkommen sein.*

*Fünf sind geladen
Zehn sind gekommen,
Giess Wasser zur Suppe
Heiss alle willkommen!*

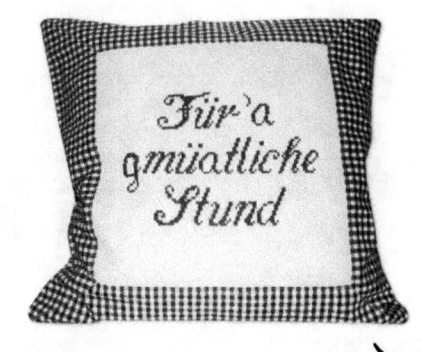

**A**llgemein wird das traute Heim als Statussymbol und Ort zum Zurückziehen in die Geborgenheit angesehen und entsprechend gewürdigt.

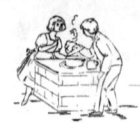

## Heim & Herd

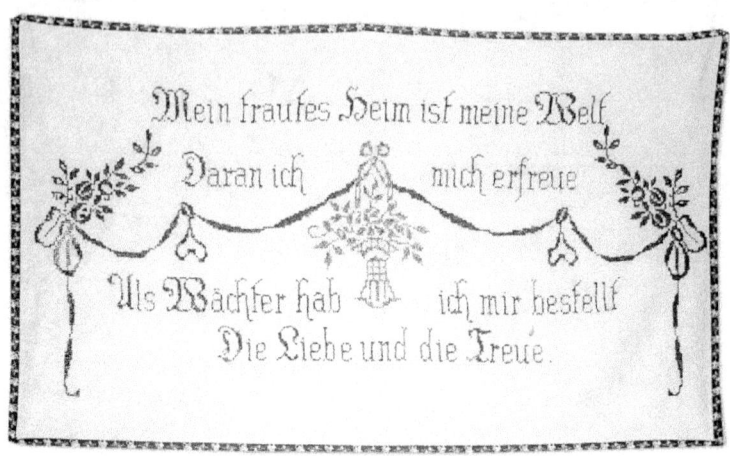

Mein trautes Heim ist meine Welt
Daran ich mich erfreue
Als Wächter hab ich mir bestellt
Die Liebe und die Treue.

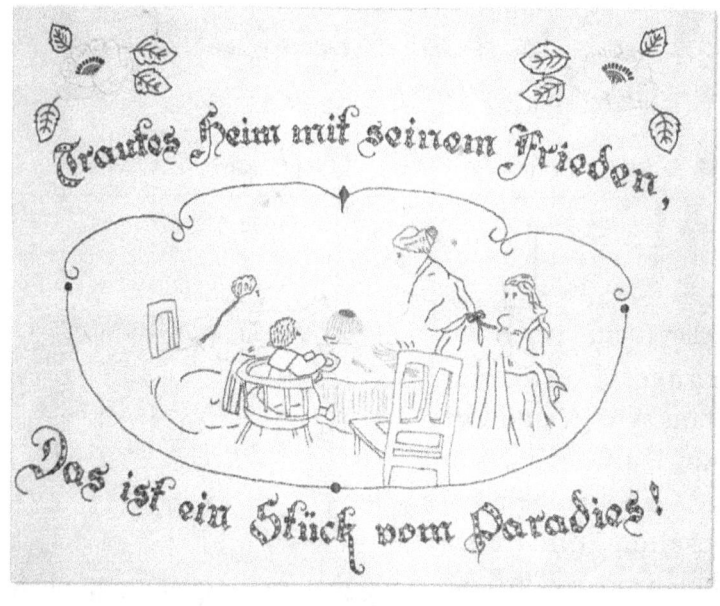

Trautes Heim mit seinem Frieden,
Das ist ein Stück vom Paradies!

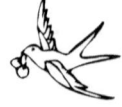

*Heim & Herd*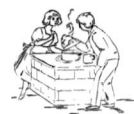

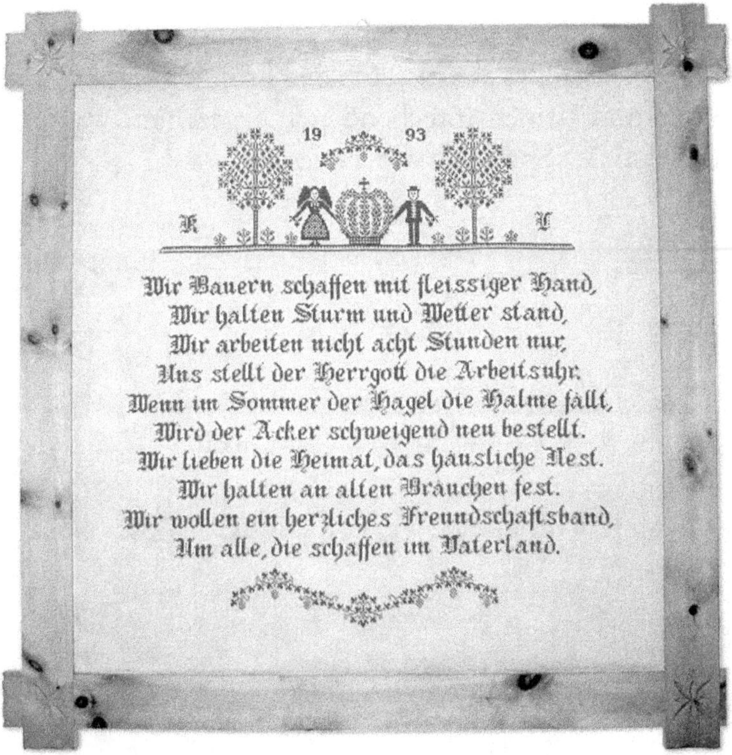

> 19 93
>
> Wir Bauern schaffen mit fleissiger Hand,
> Wir halten Sturm und Wetter stand,
> Wir arbeiten nicht acht Stunden nur,
> Uns stellt der Herrgott die Arbeitsuhr.
> Wenn im Sommer der Hagel die Halme fällt,
> Wird der Acker schweigend neu bestellt.
> Wir lieben die Heimat, das häusliche Nest.
> Wir halten an alten Bräuchen fest.
> Wir wollen ein herzliches Freundschaftsband,
> Um alle, die schaffen im Vaterland.

Gegensätze vereint: Dem Bauernstand und dem Bürgertum ist das Heim ein "häusliches Nest".

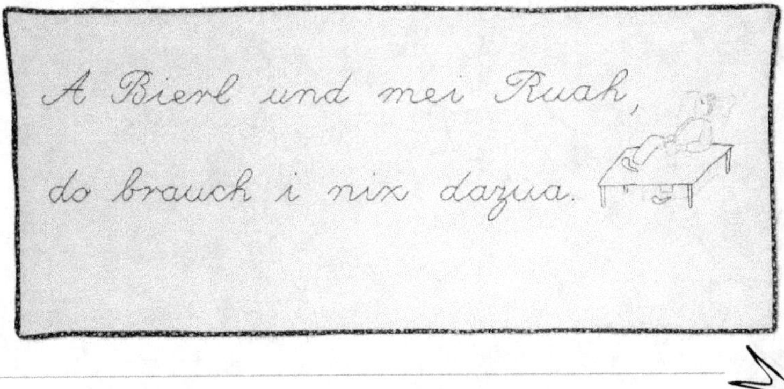

> A Bierl und mei Ruah,
> do brauch i nix dazua.

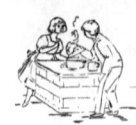 

*Heim & Herd*

**D**ie Schwalben, mit ihren Nestern Symbol für die Geborgenheit des Heims, sind den Frühling verheißende Gäste und dementsprechend gerne gesehen, was sich auch in vielen Sprüchen widerspiegelt.

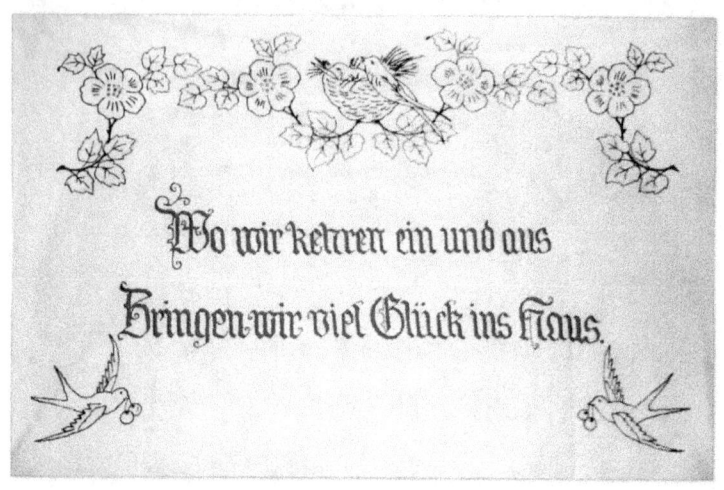

Wo wir kehren ein und aus
Bringen wir viel Glück ins Haus.

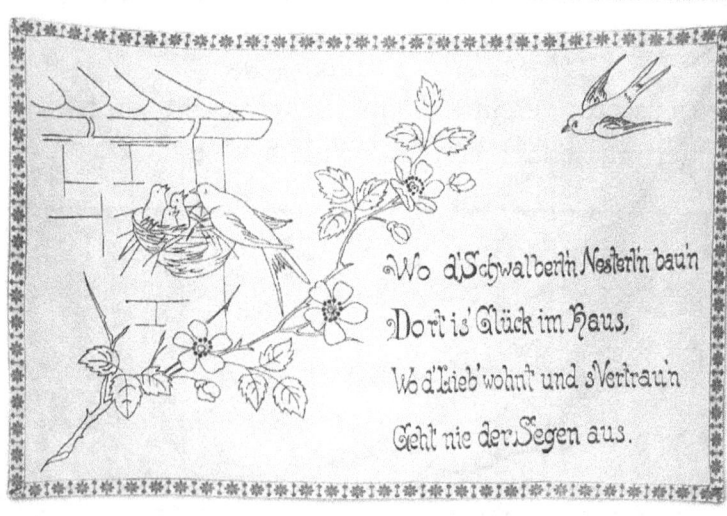

Wo d'Schwalberln Nesterln bau'n
Dort is' Glück im Haus,
Wo d'Lieb' wohnt und s'Vertrau'n
Geht nie der Segen aus.

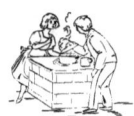

# Heim & Herd

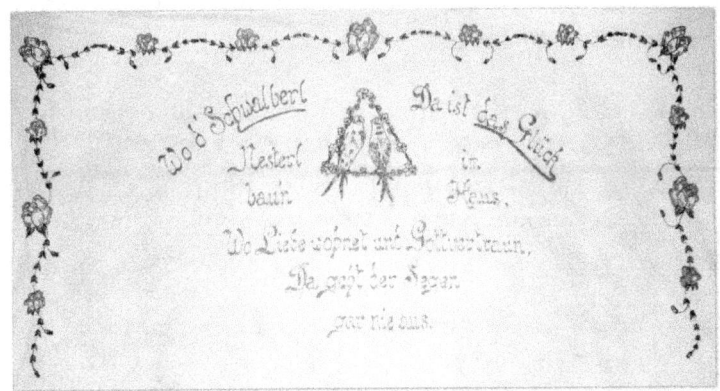

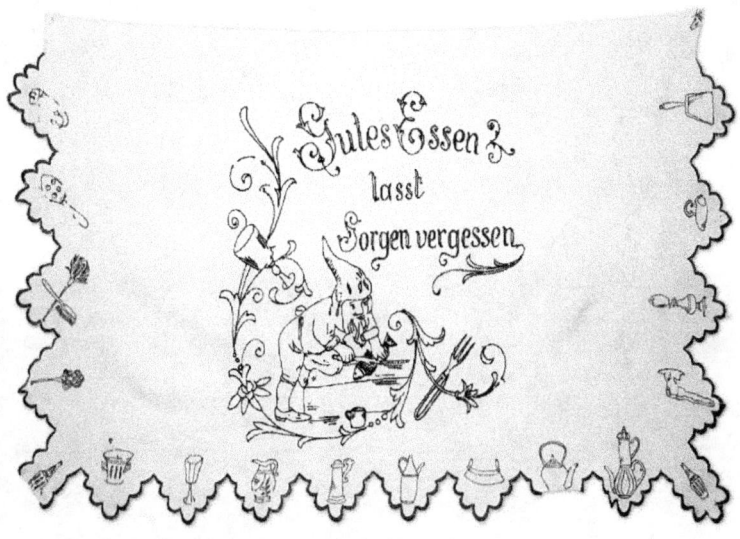

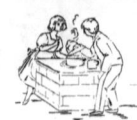 *Heim & Herd*

Zu guter Letzt noch ein Beispiel, wie sich auch die Wirtschaft in der Blütezeit der Wandschoner diesen Trend zunutze machte.

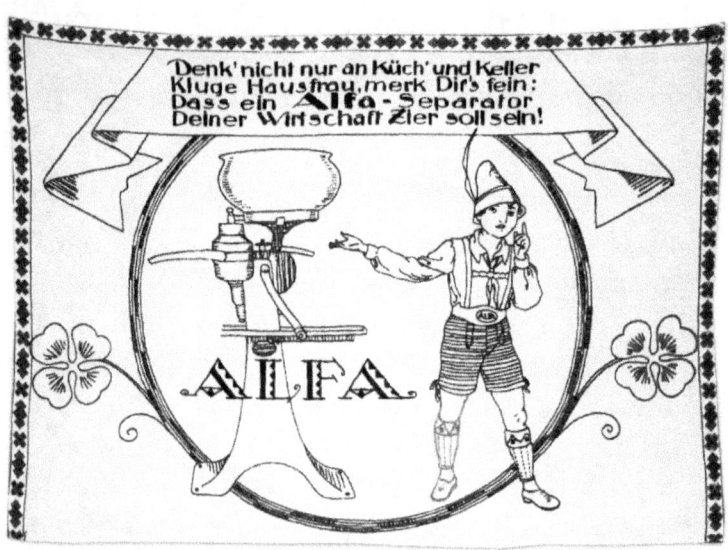

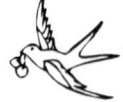

# Auf der Alm
# &
# Weidmanns Heil

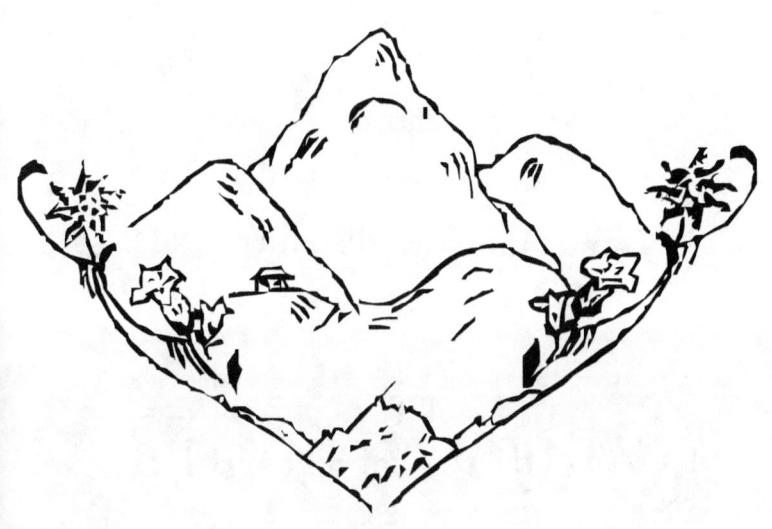

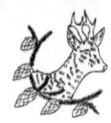 *Auf der Alm & Weidmanns Heil*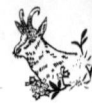

Als Blütezeit der gestickten Wandbehänge, der "Wandschoner", dürfen wir für unsere Gegend, dem Alpenland, wohl die Zeit zwischen den Kriegen und von 1945 bis in die späten fünfziger Jahre anführen. Besonders in den Almhütten waren in diesen Jahren die Wände voll mit Wandschonern mit Motiven aus dem Almleben, der Jagd und vor allem der Liebe.

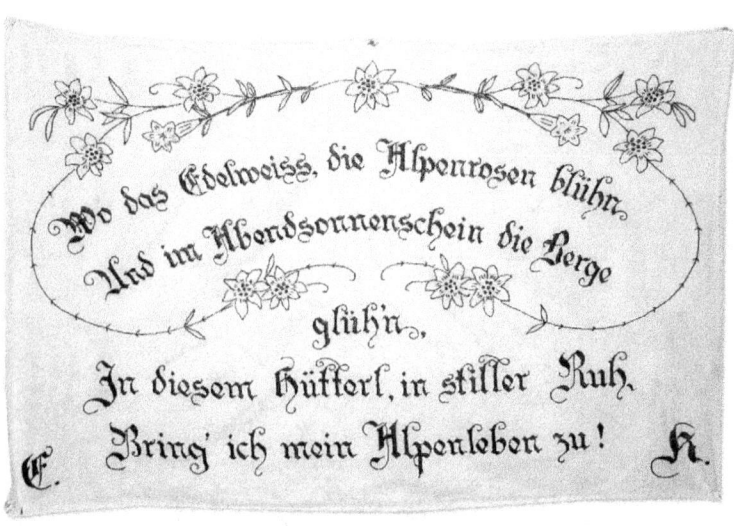

Wo das Edelweiss, die Alpenrosen blüh'n
Und im Abendsonnenschein die Berge glüh'n.
In diesem Hütterl, in stiller Ruh',
Bring' ich mein Alpenleben zu!

Heiliger Leonhard
schütz' unseren Almenstand!

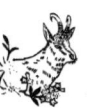 *Auf der Alm & Weidmanns Heil*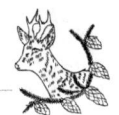

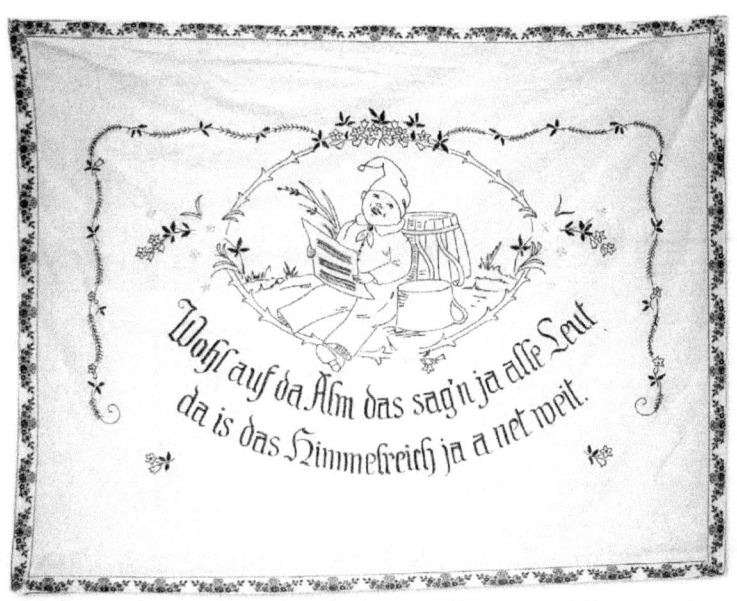

Wohl auf da Alm das sag'n ja alle Leut
da is das Himmelreich ja a net weit.

Menschen die in die Berge wandern
wiederspiegeln Sonnenlicht
jene die im Tal geblieben verstehen ihre
Sprache nicht!

Willst vergessen deine Mühen
willst vergessen deinen Schmerz
kannst auf unsre Almen ziehen
dort schlägt fröhlich dir dein Herz!

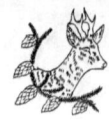 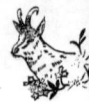

*Auf der Alm & Weidmanns Heil*

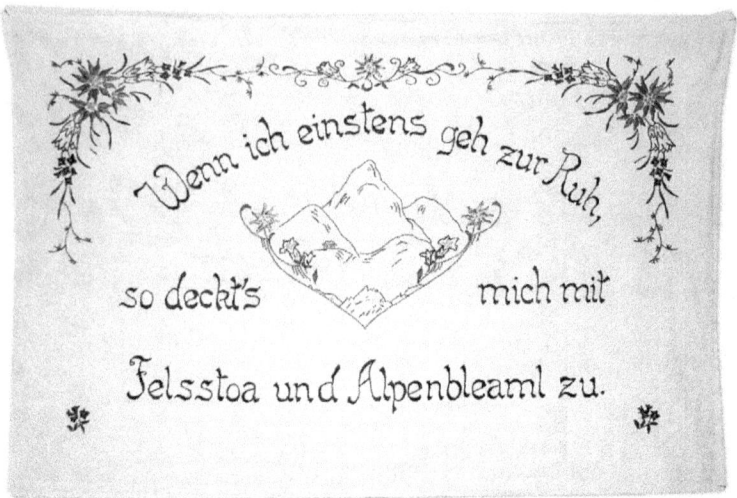

Wenn ich einstens geh zur Ruh,
so deckt's mich mit
Felsstoa und Alpenbleaml zu.

**D**as verklärte und von Klischees geprägte Bild, das wir heute vom harten Leben auf der Alm haben, wurde nicht zuletzt von den Heimatfilmen der fünfziger Jahre des 20. Jahrhunderts geprägt.

Zu einer Zeit, als die Almen noch bewirtschaftet wurden und einen wichtigen Teil des bäuerlichen Ertrags erbrachten, war das Leben als Sennerin oder Halter (Hüter) wohl von einer gewissen Unbeschwertheit, aber doch in erster Linie von harter Arbeit geprägt.

Dennoch stickte man in die Wandschoner dieser Zeit in erster Linie Sprüchlein über die Freude am Almleben.

*Auf der Alm da gibt's keine Sünd
weil kein Pfarrer aufi kimmt!*

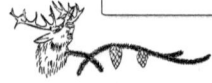

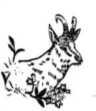 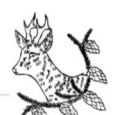

*Auf der Alm & Weidmanns Heil*

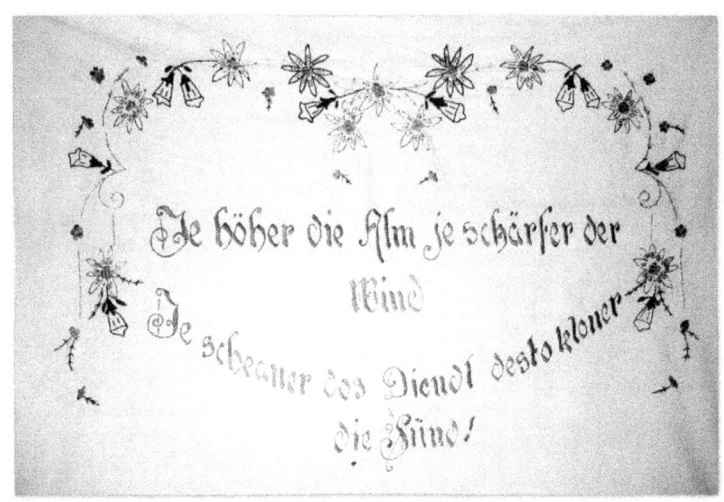

Je höher die Alm je schärfer der Wind
Je scheaner das Diendl desto klaner die Hünd!

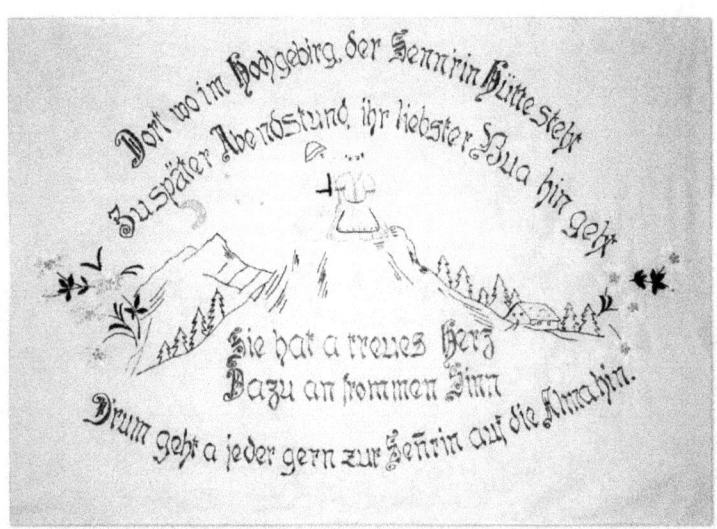

Dort wo im Hochgebirg, der Sennrin Hütte steht
Zu später Abendstund ihr liebster Bua hin geht
Sie hat a treues Herz
Dazu an frommen Sinn
Drum geht a jeder gern zur Sennrin auf die Almahin.

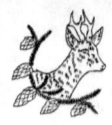 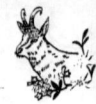

## Auf der Alm & Weidmanns Heil

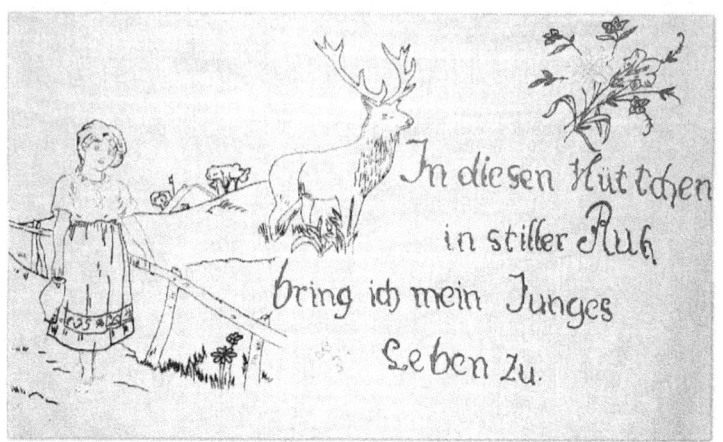

In diesen Hüttchen
in stiller Ruh
bring ich mein junges
Leben zu.

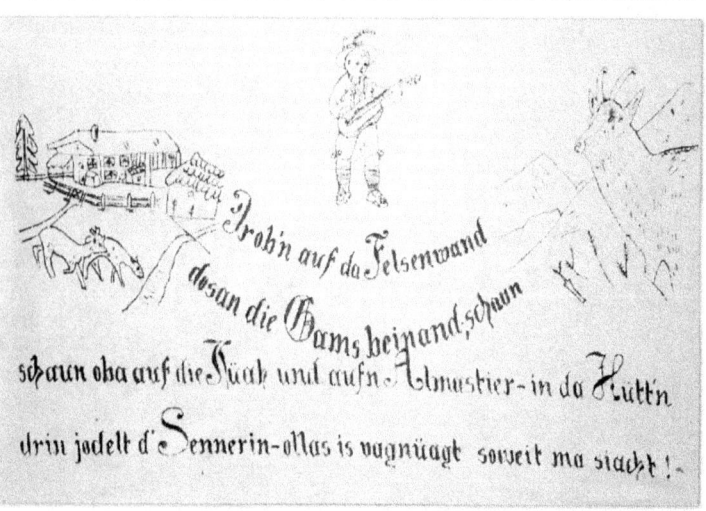

D'rob'n auf da Felsenwand
dösan die Gams beinand, schaun
schaun oba auf die Kiah und aufn Almustier – in da Huttn
drin jodelt d' Sennerin – ollas is vagnüagt soweit ma siacht!.

> Reh und Hirsche mußt du schießen
> eh sie flüchten in den Wald
> und die Mädchen mußt du küssen
> eh sie werden alt!

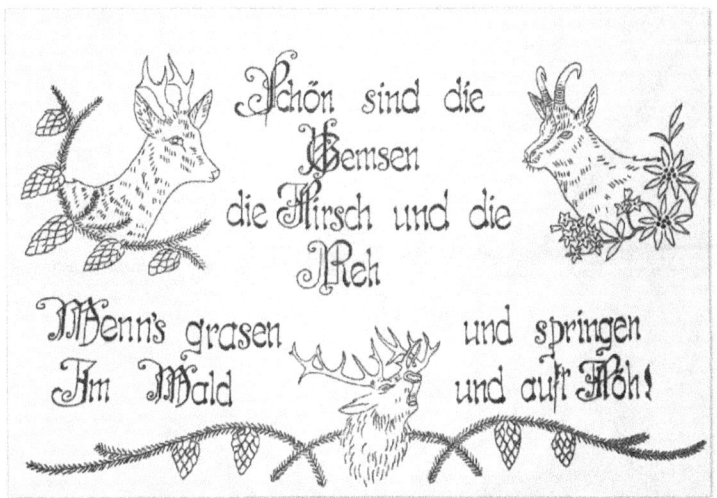

In den Kriegsjahren gab es als Ersatz für das Leinen Papier, das aber ebenfalls mit ähnlichen Motiven bedruckt war.

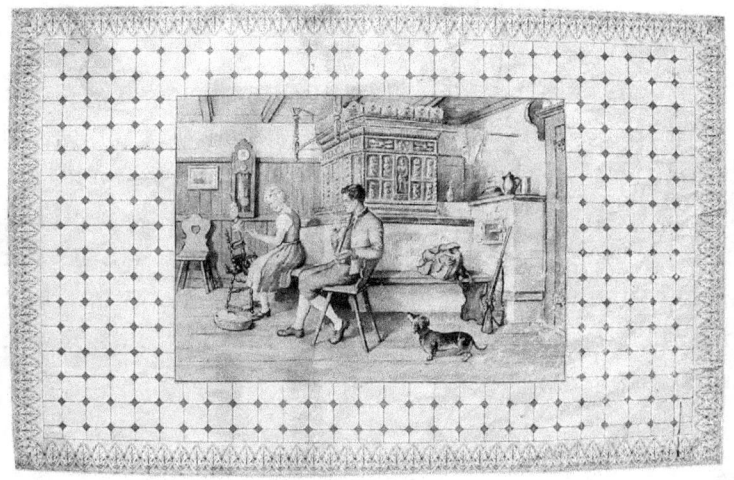

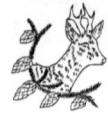 *Auf der Alm & Weidmanns Heil*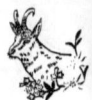

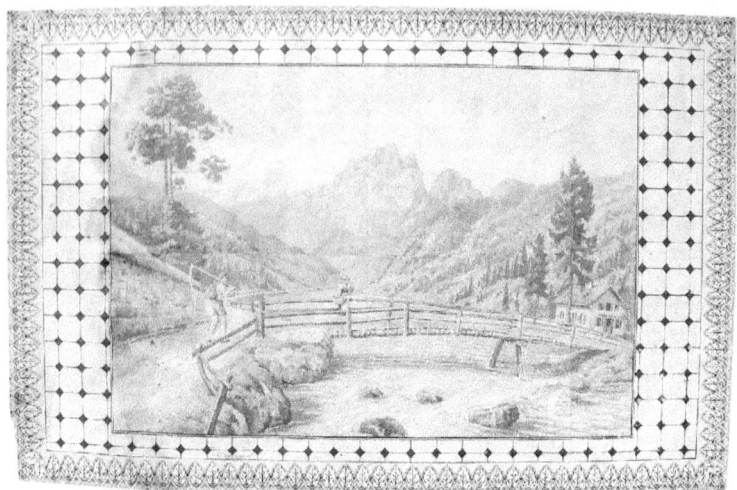

Ein altes Volkslied soll den Abschluss für dieses Kapitel bilden. Sein Inhalt ist die Kurzform eines Wildererdramas, wie es die Handlung so manchen Heimatfilms wiedergibt.

Es ist an dieser Stelle aber anzumerken, dass dieser "klassische" Konflikt einen durchaus realen Hintergrund hatte, denn in Zeiten, die den Wald und das Wild im Besitz weniger Adeliger sahen, war das Wildern oft der einzige Weg, um seine Familie zu ernähren. Dass der Jäger als unmittelbarer Repräsentant einer Obrigkeit natürlich das Feindbild Nummer 1 für die Wilderer war, ist nachvollziehbar.

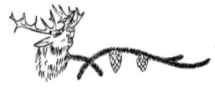

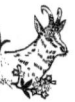
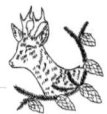

## Auf der Alm & Weidmanns Heil

### An einem Sonntagmorgen

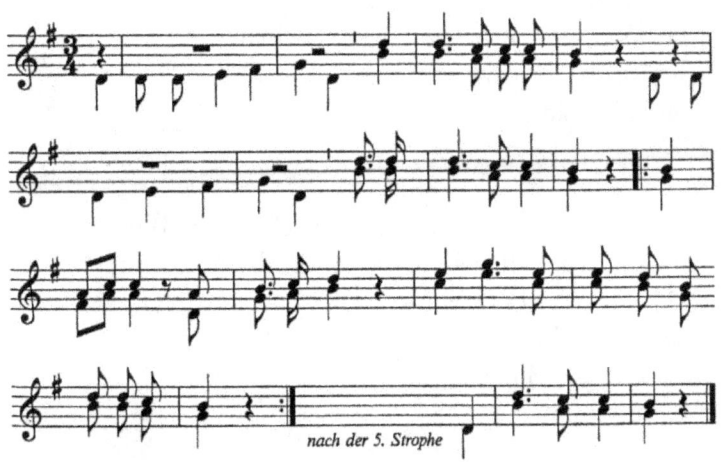

nach der 5. Strophe

1.
An einem Sonntagmorgen, ganz zeitlich in der Fruah,
nimmt da Wildschütz sein Stutzerl, geht in Gebirge zua.
|:Er woaß ja den Weg so schen,
wo die liabn Gamserl stehn,
drin in Tirol:|

2.
A Gamserl hat er gschossn, hoch drobn auf der Wand,
hiaz tuat ers auswoadn, nimmt s Messer in die Hand.
|:Da Jaga hat eam lang zuagschaut,
hat si net zuwitraut,
bis daß er schlaft:|

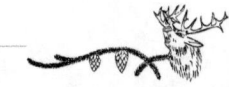

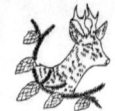 

3.
Und wia da Wildschütz gschlafn hat, da hat er sie traut
und hat mit sein Steckn ganz sakrisch zuaghaut.
|:Da Wildschütz springt auf vom Schlaf,
fallt über a Wandl ab
in ein Gesträuch.:|

4.
In Jager druckt s Gwissen, in Wildschütz sein Bluat,
hiaz mecht er halt wissen, was da Wildschütz drunt tuat.
|:O Jager, liabster Jager mein,
bind mir die Wunden ein,
und still mir s Bluat!:|

5.
Die Wunden san verbunden, und gstillt is das Bluat.
Hiaz muaßt du mit mir gehn, ins Salzkammerguat!
|:Bevor i mit an Jager geh,
laß i mein Leib und Lebn
und mein jungs Bluat!:|
Im Salzkammerguat!

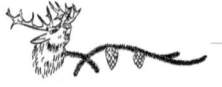

# Alltag & Lebensweisheit

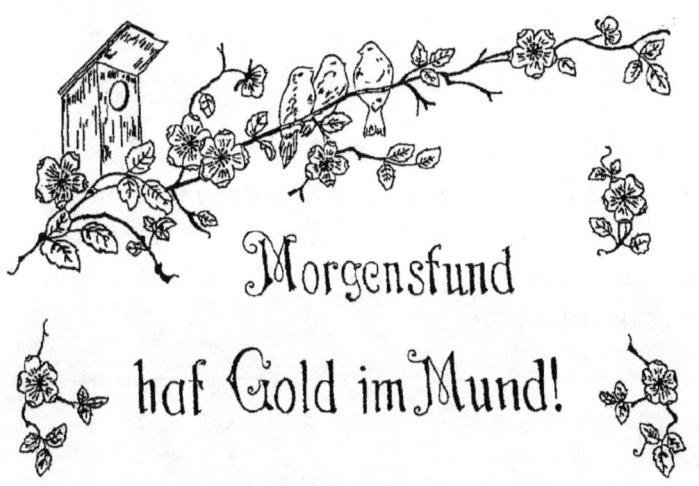

Morgenstund hat Gold im Mund!

Gesticke Wandschoner erfreuten sich über Jahrzehnte ungebrochener Popularität. Immer aber waren die Wandbehänge und sonstigen bestickten Ziergegenstände nicht Schmuck allein, sondern vielmehr ein Spiegelbild der Zeit, der jeweiligen Lebensumstände.

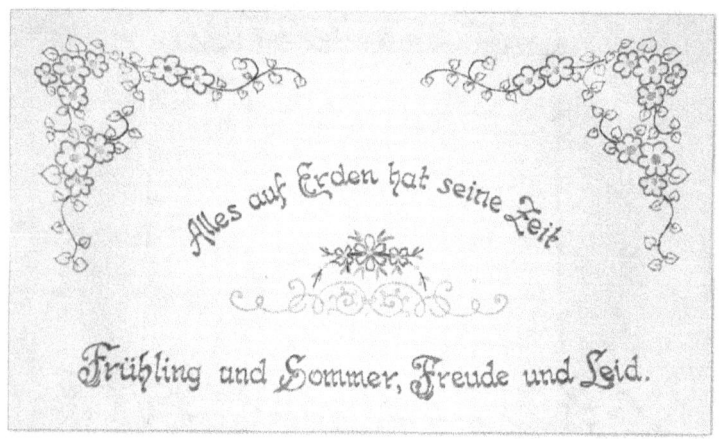

*Alles auf Erden hat seine Zeit*

*Frühling und Sommer, Freude und Leid.*

Die gestickten Sprüchlein erzählen von der Arbeit, den Festen und Freuden, aber auch von der Trauer und dem Leid. Wie viel Liebe und Hoffnung, wie viel Leid und Sehnsucht mag da wohl in diese Wandschoner hinein gestickt worden sein?

> *Scheint dir auch mal das Leben rauh,*
> *sei still und zage nicht.*
> *Die Zeit, die alte Bügelfrau,*
> *macht alles wieder schlicht.*

Bemerkenswert in diesem Zusammenhang ist der völlig andere Zugang zu den Schattenseiten des Lebens, welcher sich in den Wandschonern widerspiegelt.

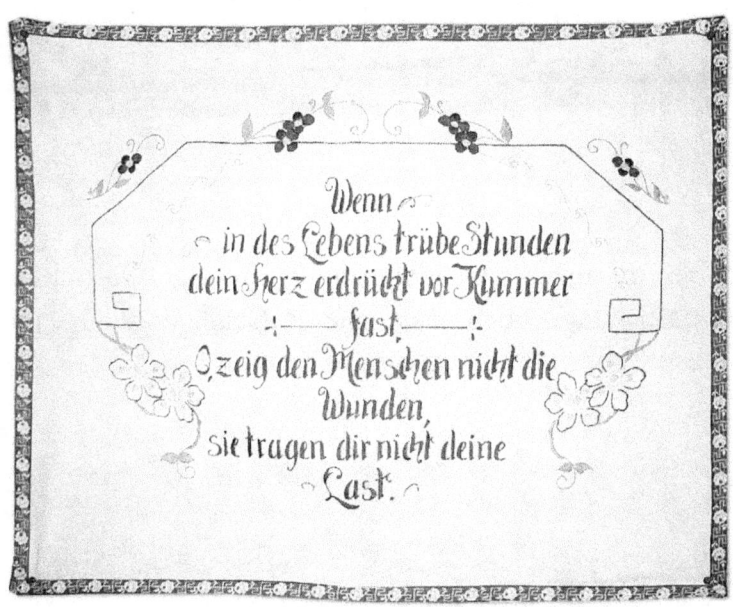

Wenn
in des Lebens trübe Stunden
dein Herz erdrückt vor Kummer
— fast —
O zeig den Menschen nicht die
Wunden,
sie tragen dir nicht deine
Last.

Wann dich die Menschen kränken weine nicht, alles kannst du dir denken, sagen nicht. Geh immer lachend durch's Leben, wann du auch hast einen Schmerz.

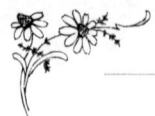

*Alltag & Lebensweisheit*

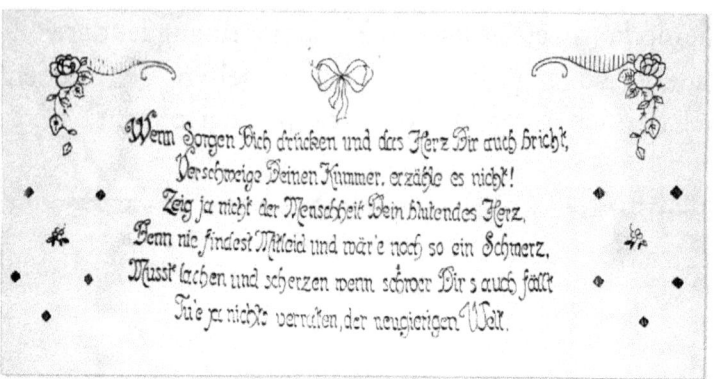

Wenn Sorgen Dich drücken und das Herz Dir auch bricht,
Verschweige Deinen Kummer, erzähle es nicht!
Zeig ja nicht der Menschheit Dein blutendes Herz,
Denn nie findest Mitleid und wär'e noch so ein Schmerz,
Musst lachen und scherzen wenn schwer Dir's auch fällt
Tu'e ja nicht verraten, der neugierigen Welt.

Aber natürlich wurden in Form der gestickten Wandbehänge auch tröstliche Ratschläge erteilt und Rezepte zum Meistern trauriger Zeiten.

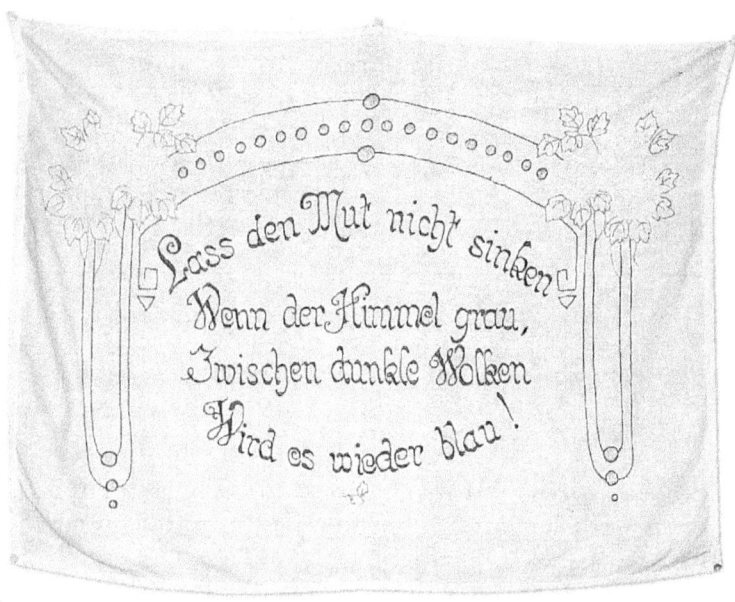

Lass den Mut nicht sinken
Wenn der Himmel grau,
Zwischen dunkle Wolken
Wird es wieder blau!

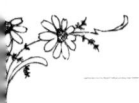 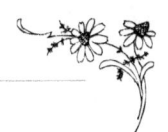

Wenn dich Glückswechsel trifft, denk, um
dich nicht zu grämen!
Abnehmen muß der Mond, um wieder
aufzunehmen.

Jeder Schmerz läßt sich verwinden
Jede tiefe Wunde heilt,
Nur eine Seele mußt Du finden
Die alle Schmerzen mit Dir teilt.

Laß nur die Sorge sein,
das gibt sich alles schon.
Und fällt der Himmel ein,
kommt doch eine Lerche davon.

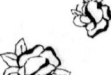

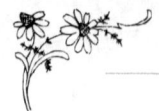

## Alltag & Lebensweisheit

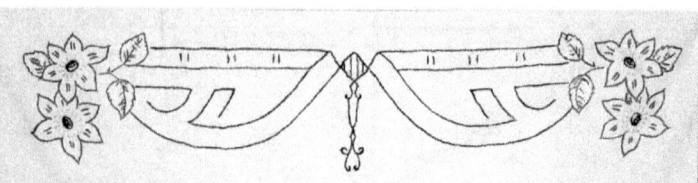

Mit dem Klagen, mit dem Zagen,
Wie verdarbst du's, ach, so oft!
Lerne Trübes heiter tragen
Und dein Glück kommt unverhofft!

Wenn du glaubst es geht nicht mehr
kommt von irgendwo ein Lichtlein her.

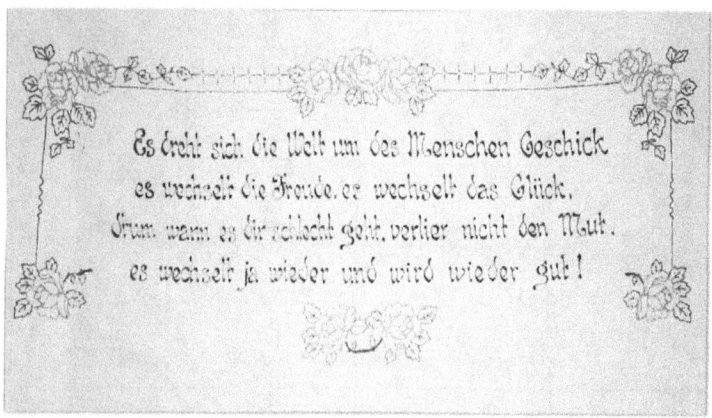

Es dreht sich die Welt um des Menschen Geschick
es wechselt die Freude, es wechselt das Glück.
drum wenn es dir schlecht geht, verlier nicht den Mut,
es wechselt ja wieder und wird wieder gut!

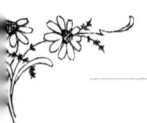

## Alltag & Lebensweisheit

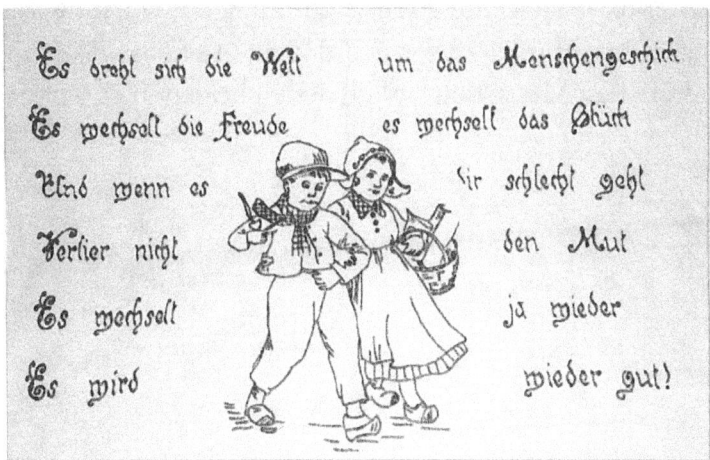

Es dreht sich die Welt um das Menschengeschick
Es wechselt die Freude es wechselt das Glück
Und wenn es dir schlecht geht
Verlier nicht den Mut
Es wechselt ja wieder
Es wird wieder gut!

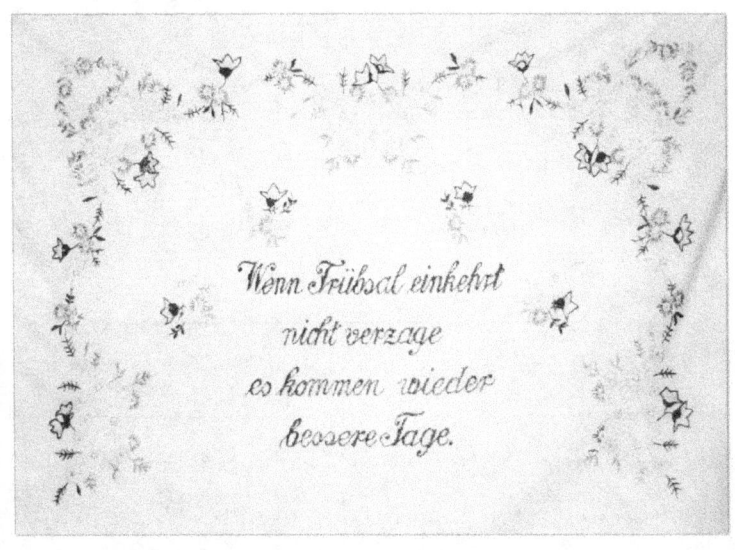

Wenn Trübsal einkehrt
nicht verzage
es kommen wieder
bessere Tage.

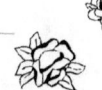

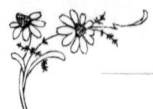 

**R**ezepte, Glück und Freude zu erlangen, wussten viele Sprüche. Geflügelte Worte und kleine Lebensweisheiten sollten dem Menschen täglich den richtigen Weg weisen.

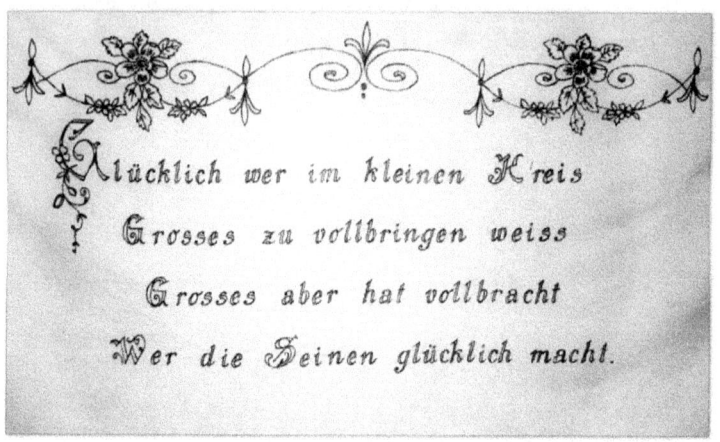

Glücklich wer im kleinen Kreis
Grosses zu vollbringen weiss
Grosses aber hat vollbracht
Wer die Seinen glücklich macht.

Ganz mühelos läßt sich Freude
nicht erjagen, wer Blumen pflanzt,
der muß viel Wasser tragen.

Schau freudig vorwärts, nicht zurück,
denn jeder Tag bringt neues Glück

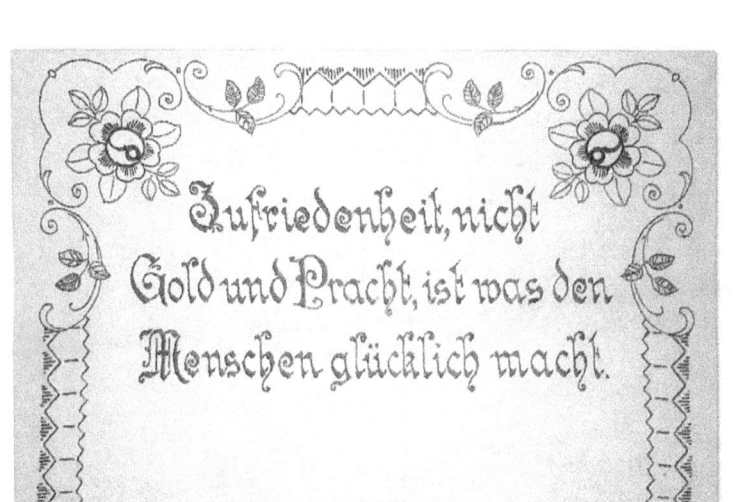

Vom Umgang mit Menschen wissen viele der Sprüchlein zu berichten - als stete Ermahnung an christliche Tugenden oder schlicht und einfach an höfliche Umgangsformen.

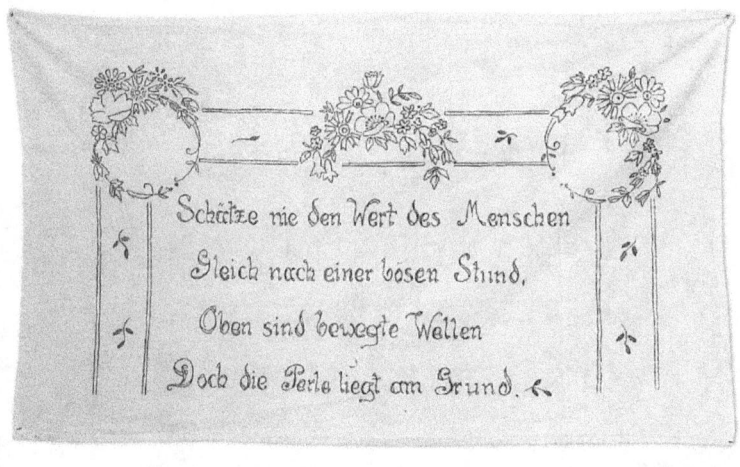

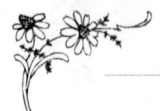

*Alltag & Lebensweisheit*

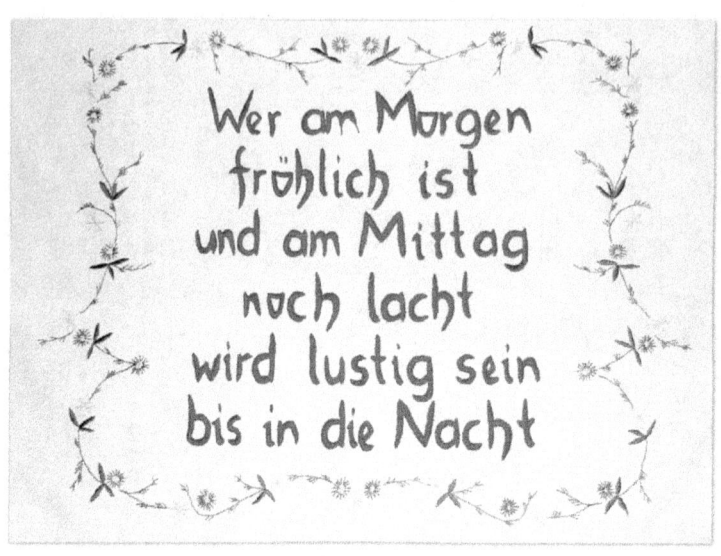

Wer am Morgen
fröhlich ist
und am Mittag
noch lacht
wird lustig sein
bis in die Nacht

O, Leutln seid's guat mitanand
sonst finden mia niemals den Friedn im Land!

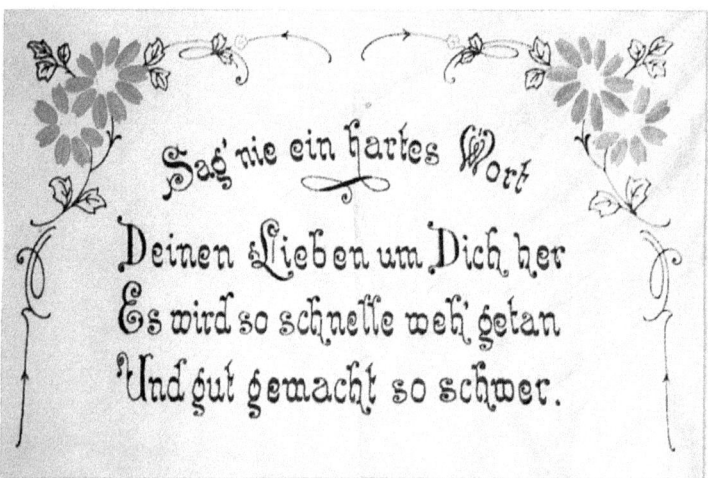

Sag' nie ein hartes Wort
Deinen Lieben um Dich her
Es wird so schnelle weh' getan
Und gut gemacht so schwer.

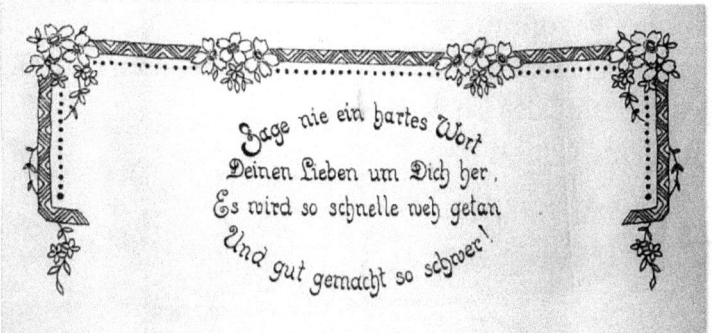

Sage nie ein hartes Wort
Deinen Lieben um Dich her,
Es wird so schnelle weh getan
Und gut gemacht so schwer!

Herzen, die Dir warm
entgegen schlagen,
Sollst Du wie Kristall auf
Händen tragen.

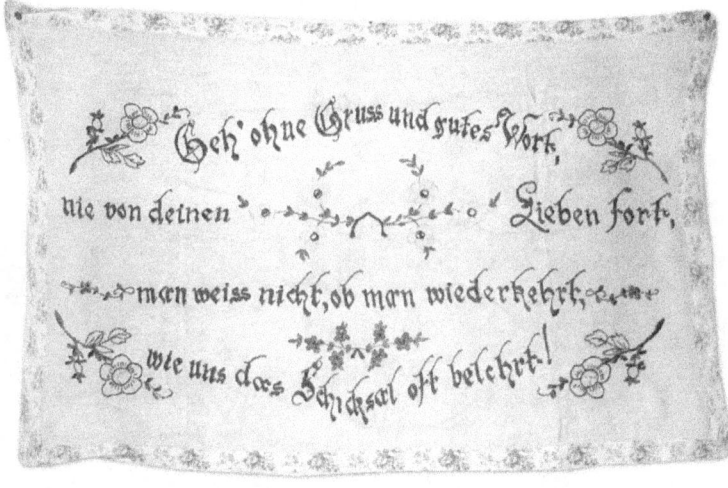

Geh' ohne Gruss und gutes Wort,
nie von deinen Lieben fort,
man weiss nicht, ob man wiederkehrt,
wie uns das Schicksal oft belehrt!

*Alltag & Lebensweisheit*

Einen besonderen Stellenwert im Reigen der Beziehungen zwischen den Menschen nehmen natürlich die Liebe und das Eheleben ein.

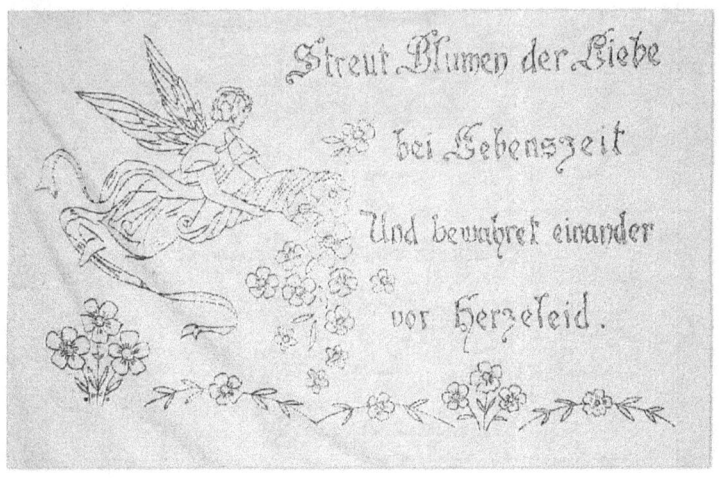

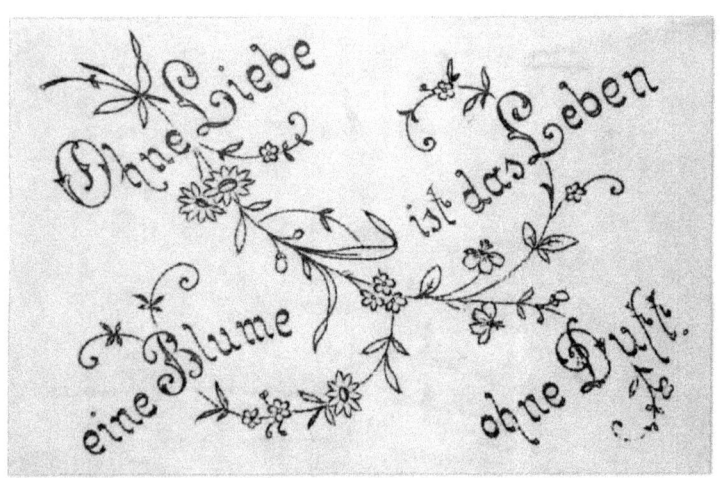

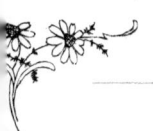

## Alltag & Lebensweisheit

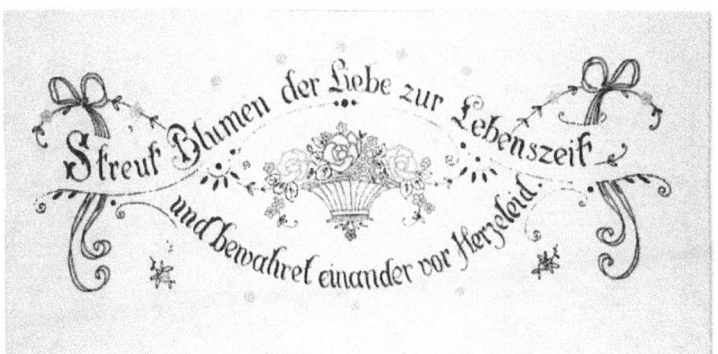

Streut Blumen der Liebe zur Lebenszeit
und bewahret einander vor Herzeleid.

Vergiß mein nicht ruft es so zart
vergessen sein ist gar so hart

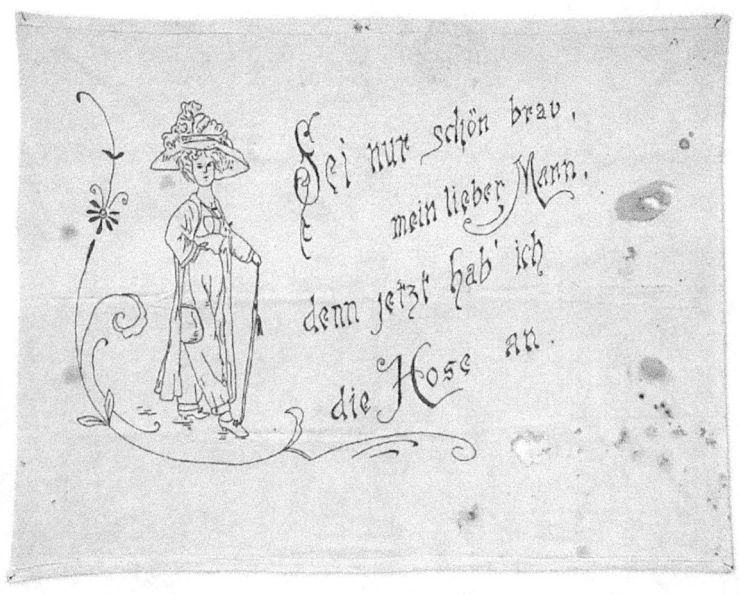

Sei nur schön brav,
mein lieber Mann,
denn jetzt hab' ich
die Hose an.

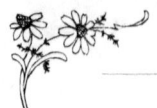

Alltag & Lebensweisheit

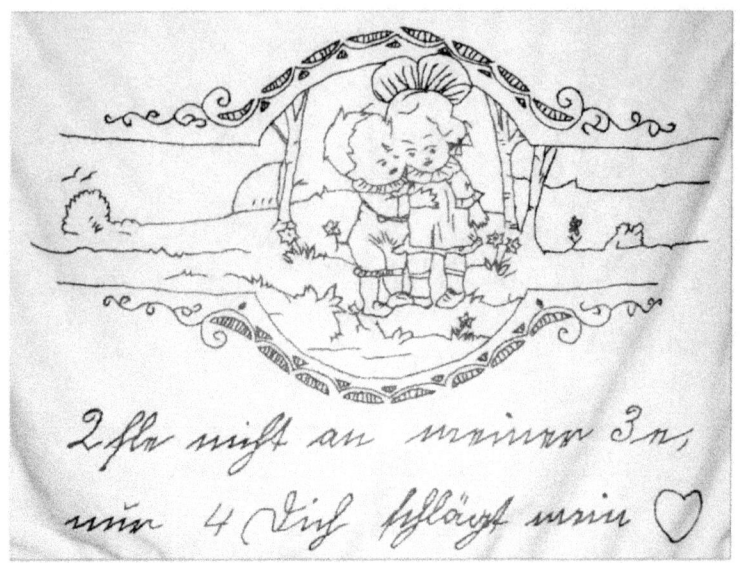

*Anmerkung: Wer diesen Spruch beim besten Willen nicht entziffern kann, er liest sich wie folgt:*
"*2fle nicht an meiner 3e, nur 4 dich schlägt mein (Herz)*"

Bewahret einander vor Herzeleid
Kurz ist die Zeit die ihr beisamen seid

Ob auch viele Jahre euch vereinen
Einst werden wie Minuten sie erscheinen

## Alltag & Lebensweisheit

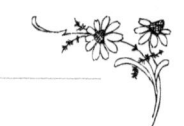

**W**andschoner konnten auch Ratschläge erteilen, das Leben an sich zu meistern - mit allen kleinen und großen Mühen. Eine Sammlung von Lebensweisheiten, ernst und mahnend, augenzwinkernd und heiter.

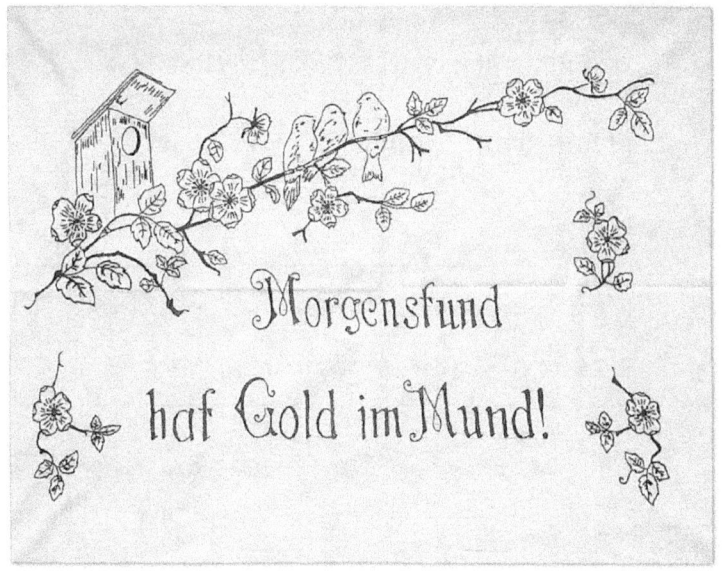

*Morgenstund hat Gold im Mund!*

*Ohne Arbeit früh bis spät,
wird Dir nichts geraten,
Neid sieht nur das Blumenbeet,
aber nicht den Spaten*

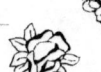

Zwei Lebensstützen brechen nie –
Gebet und Arbeit heissen sie! –

Wer seinem Heimatland vertraut
hat auf festen Grund gebaut.

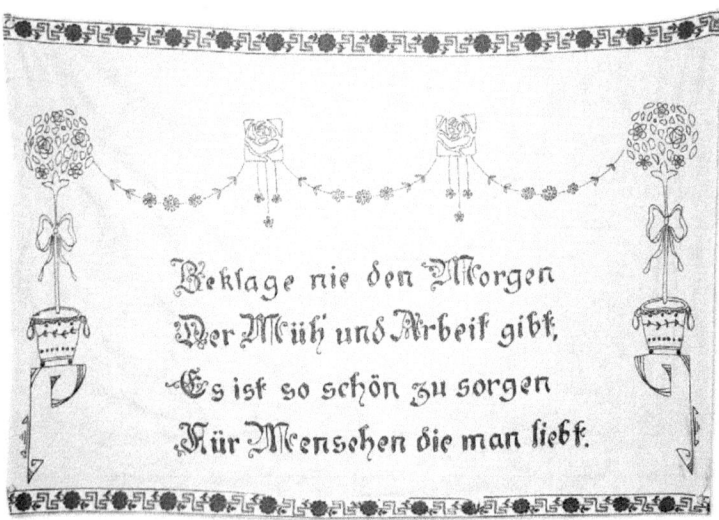

Beklage nie den Morgen
Der Müh und Arbeit gibt,
Es ist so schön zu sorgen
Für Menschen die man liebt.

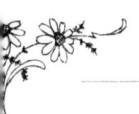 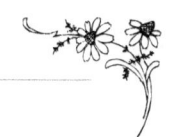

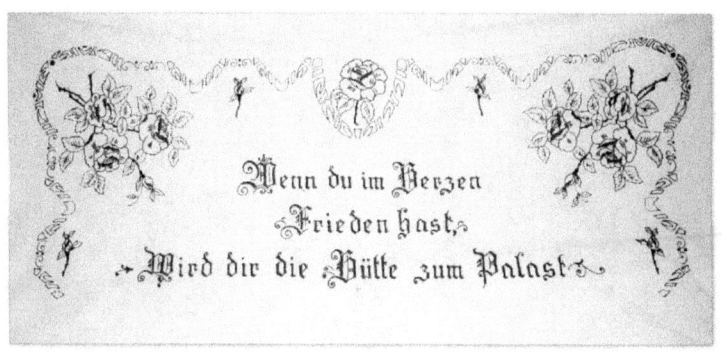

Wenn du im Herzen
Frieden hast,
Wird dir die Hütte zum Palast

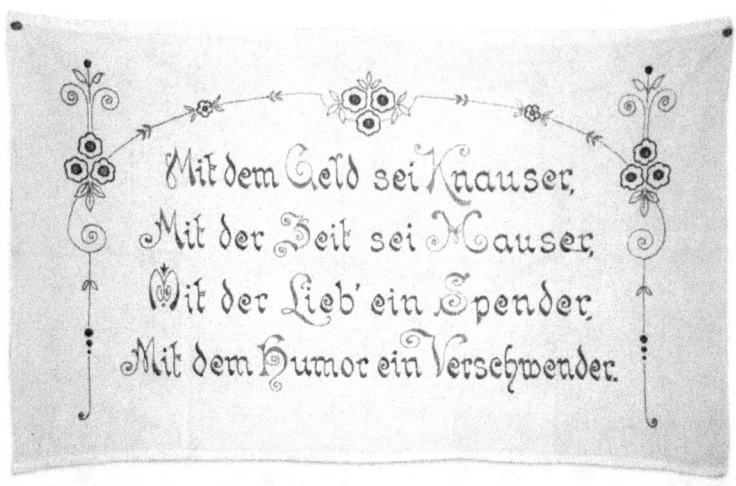

Mit dem Geld sei Knauser,
Mit der Zeit sei Hauser,
Mit der Lieb' ein Spender,
Mit dem Humor ein Verschwender.

*Anmerkung: Die Begriffe "Hauser" und "Knauser" mögen vielleicht nicht geläufig sein, die ersten beiden Zeilen bedeuten sinngemäß:*

    *"Mit dem Geld sei geizig, sparsam mit der Zeit"*

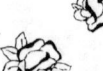

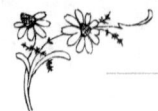

## Alltag & Lebensweisheit

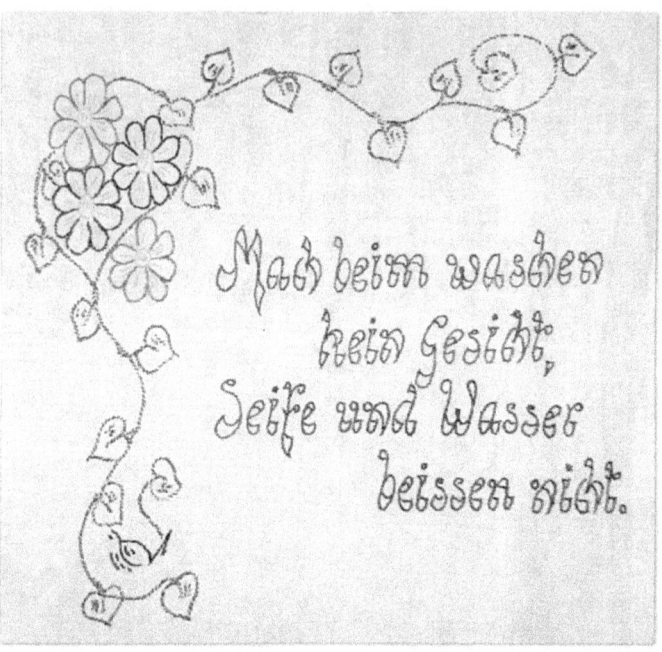

Mach beim waschen
kein Gesicht,
Seife und Wasser
beissen nicht.

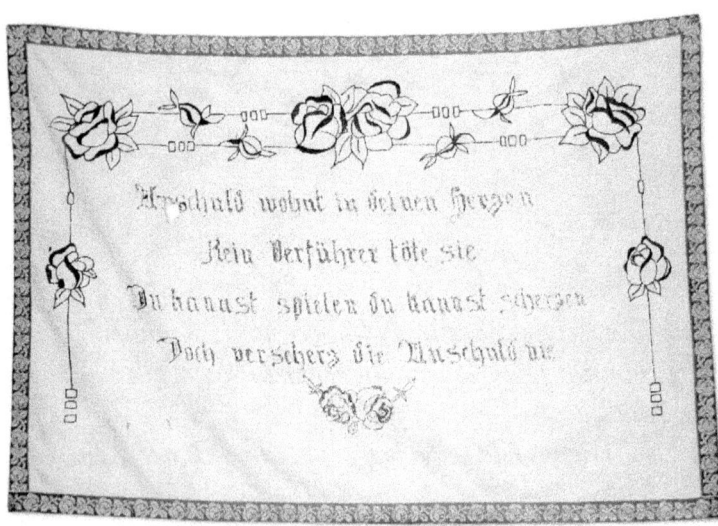

Unschuld wohnt in deinen Herzen
Kein Verführer töte sie
Du kannst spielen du kannst scherzen
Doch verscherz die Unschuld nie.

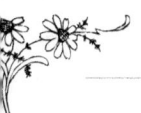 

*Alltag & Lebensweisheit*

> Wenn s Kaffee tät regnen
> und Kipfel tät schnei'n
> Tät i den Herrgott bitten
> das Wetter möcht so bleibn.

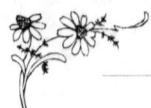 

## Alltag & Lebensweisheit

**D**as folgende Lied "Mariechen saß weinend im Garten" war in den späten zwanziger Jahren so etwas wie ein "Schlager" und weit verbreitet.

Uns gibt der heutzutage etwas schwülstig anmutende Text einen kleinen Einblick in die damalige Gesellschaft - wie so mancher Wandschoner aus dieser Zeit.

### Mariechen saß weinend im Garten

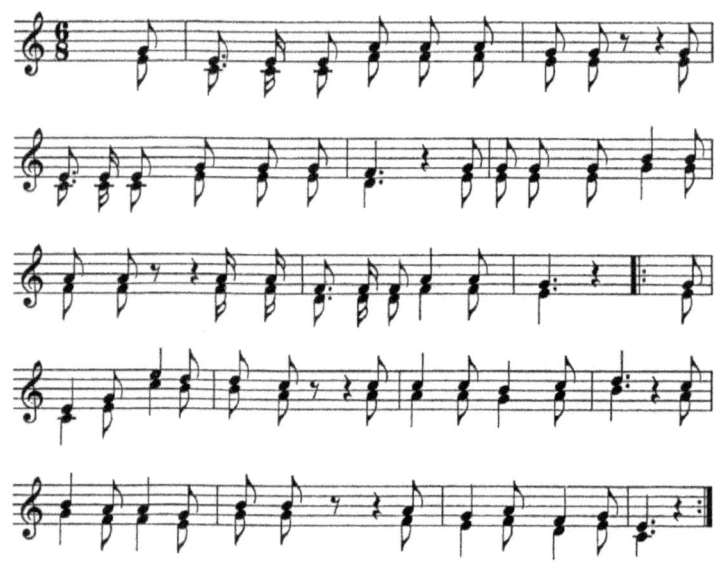

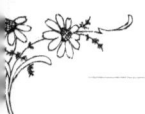
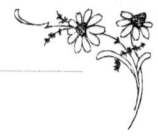

*Alltag & Lebensweisheit*

1.
Mariechen saß weinend im Garten,
im Grase lag schlummernd ihr Kind,
mit ihren schwarzbraunen Locken,
spielte leicht der Abendwind.
|:Sie saß so still, so traurig,
so einsam, geisterbleich.
Die Wolken zogen schaurig,
und Wellen schlug der Teich.:|

2.
Der Adler kreist die Berge,
schon zog der Regen einher,
es wirbelt der Staub auf der Erde,
es fallen die Tropfen so schwer.
|:Schwer über Mariechens Wangen
eine heiße Träne lief,
es lag auf ihren Armen,
ihr einzig schlummerndes Kind.:|

3.
"Warum bist du so traurig,
du ganz verlassener Wurm?
Dein Vater hat uns verlassen
in einer schweren Stund.
|:Drum stürzen wir uns beide
hinab ins tiefe Meer.
Vorüber sind alle Leiden,
vorbei ist Kummer und Weh.":|

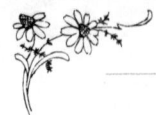 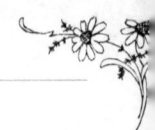

4.
Da öffnet das Kind seine Augen,
schaut auf zur Mutter und lacht.
Die Mutter, sie weinet vor Freude,
drückts an ihr Herz und sagt:
|: "Nein, nein, wir wollen leben,
wir beide, du und ich,
Deinem Vater sei alles vergeben,
wie glücklich machst du mich!":|

5.
Mariechen saß weinend am Strande
ja manche dunkle Nacht,
bis aus dem fernen Lande
ein Schiffer die Botschaft ihr bracht:
|:"Das Kind auf deinen Armen
hat keinen Vater mehr,
er starb als braver Schiffer
auf weit und breitem Meer":|

# Glaube & Tod

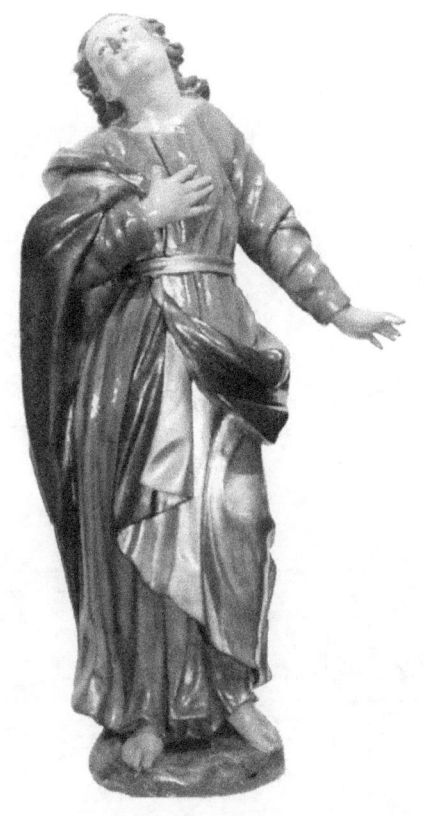

*Glaube & Tod*

Vor allem unter der sehr religiösen Landbevölkerung waren Wandschoner mit frommen Sprüchen und Segen sehr beliebt.

Auf Leinen gestickte und in Glas gerahmte Spruchtafeln mit religiösem Inhalt aus dem neunzehnten und frühen zwanzigsten Jahrhundert findet man heute noch in Kapellen und Bildstöcken.

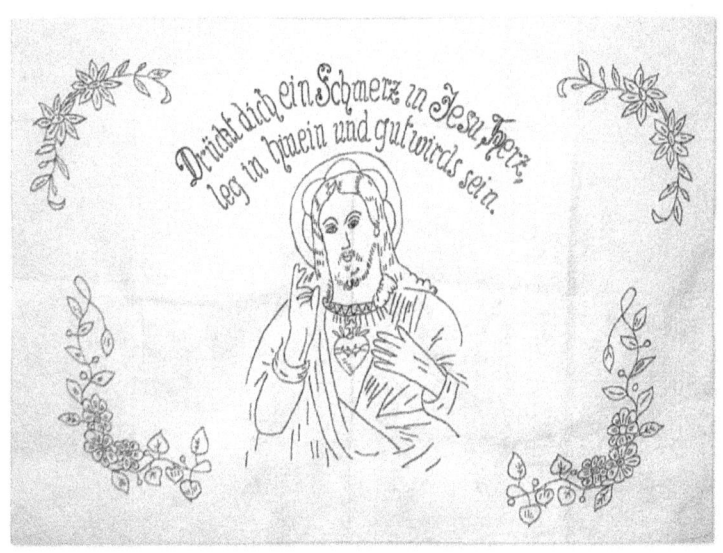

*Drückt dich ein Schmerz in Jesu Herz, leg ihn hinein und gut wirds sein.*

*Der Gott der dich bei Tag bewacht, ist auch dein Hüter in der Nacht*

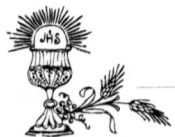

## Glaube & Tod

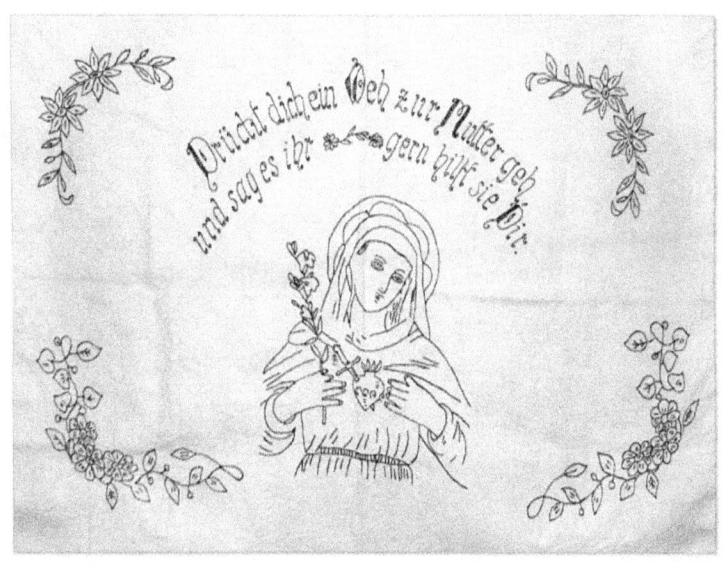

Drückt dich ein Weh zur Mutter geh
und sag es ihr — gern hilft sie Dir.

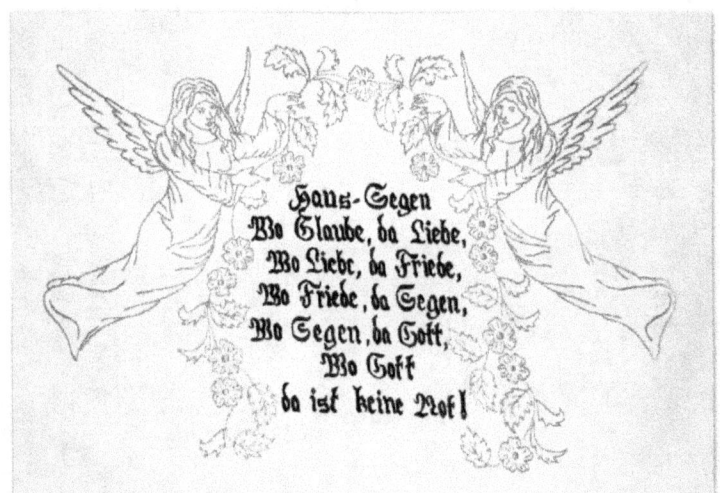

Haus-Segen
Wo Glaube, da Liebe,
Wo Liebe, da Friede,
Wo Friede, da Segen,
Wo Segen, da Gott,
Wo Gott
da ist keine Not!

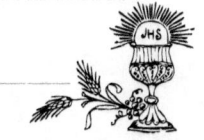

## Glaube & Tod

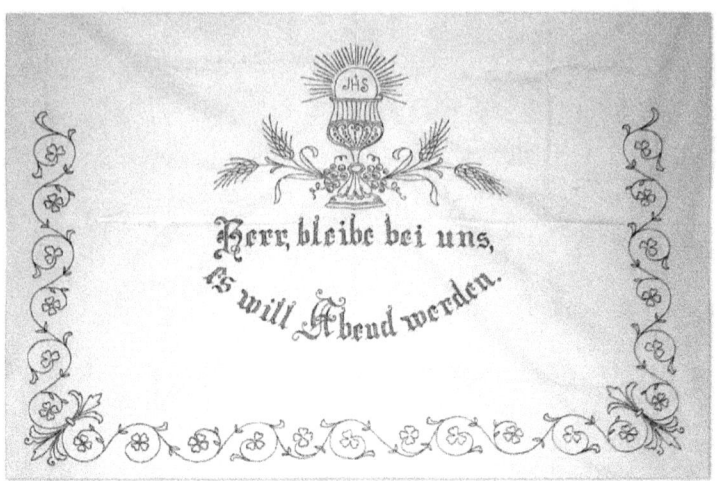

Herr, bleibe bei uns, es will Abend werden.

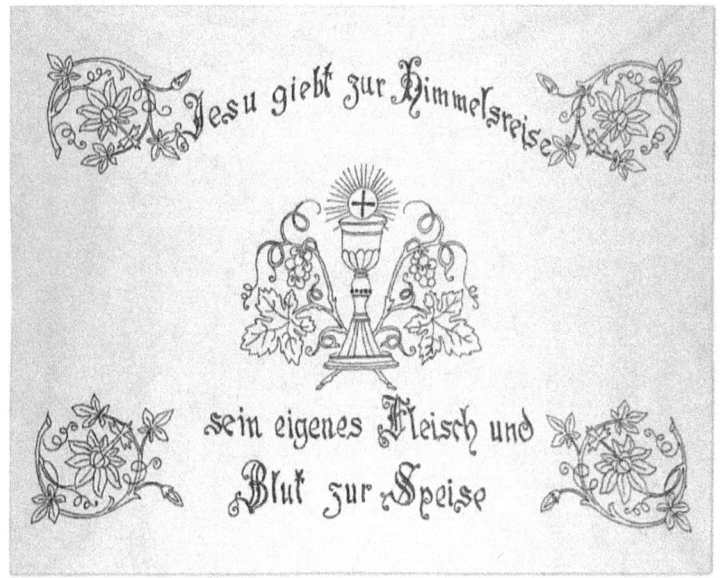

Jesu giebt zur Himmelsreise sein eigenes Fleisch und Blut zur Speise

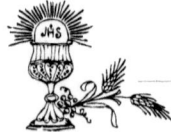

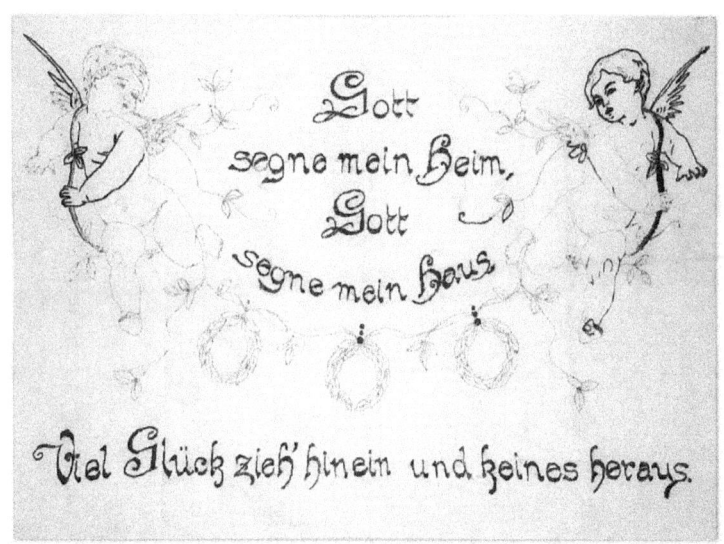

Gott segne mein Heim,
Gott segne mein Haus
Viel Glück zieh' hinein und keines heraus.

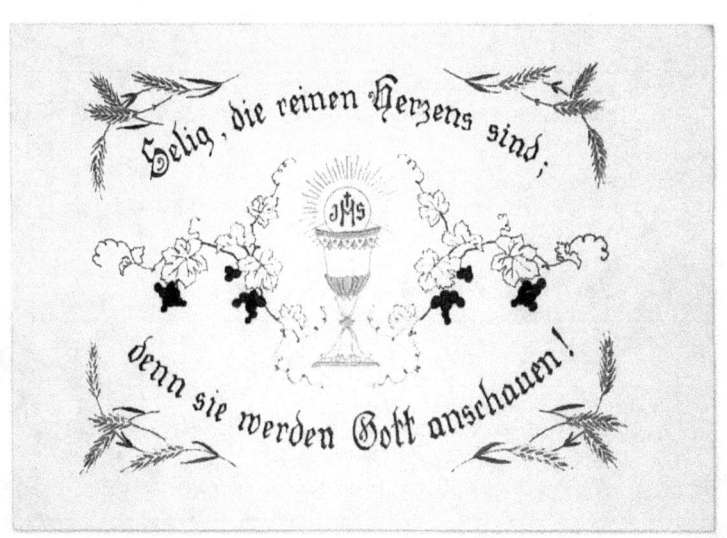

Selig, die reinen Herzens sind,
denn sie werden Gott anschauen!

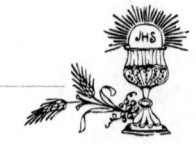

## Glaube & Tod

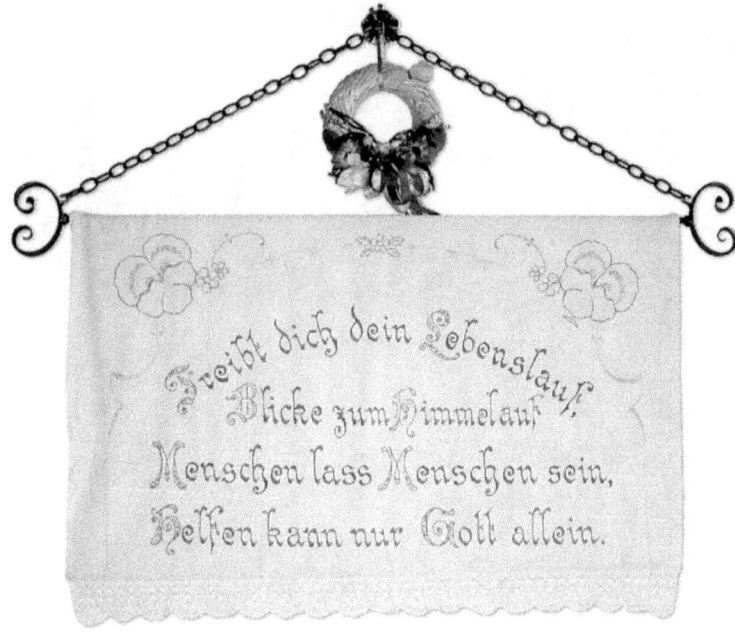

Treibt dich dein Lebenslauf,
Blicke zum Himmel auf,
Menschen lass Menschen sein,
Helfen kann nur Gott allein.

Höre nicht was Menschen sagen
tue deine Pflicht
Gott wird nicht die Menschen fragen
wenn er einst dein Urteil spricht

Was Menschen nützt, weis Gott allein,
Nie sollst Du unzufrieden sein!

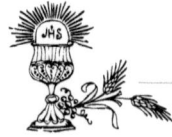

*Glaube & Tod*

Diese gestickte Wandtafel zu Ehren der heiligen Jungfrau Maria wurde bereits vor mehr als hundert Jahren hergestellt und ist noch heute in einer Kapelle angebracht.

*Die fünf Kronen Mariens, welche die heil. Mechtildis einst in einer Verzückung sah.*
*Auf der ersten Krone stand geschrieben: Eine Mutter Gottes u. der Menschen. Auf der zweiten: Eine Königin der Engel. Auf der dritten: Eine Freude aller Heiligen. Auf der vierten: Eine Trösterin der Betrübten. Auf der fünften: Eine Zuflucht aller Sünder.*
*O Maria ohne Mackel empfangen bitt für uns die wir Zuflucht zu dir nehmen. (Theresia Ehrenreich, 1877)*

In fast jedem Haus waren früher die so genannten Sterbetücher zu finden, welche bei den damals üblichen Hausaufbahrungen verwendet wurden.

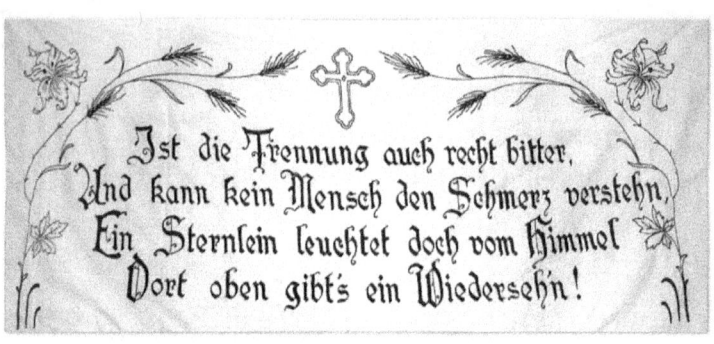

Ist die Trennung auch recht bitter,
Und kann kein Mensch den Schmerz verstehn,
Ein Sternlein leuchtet doch vom Himmel
Dort oben gibt's ein Wiedersehn!

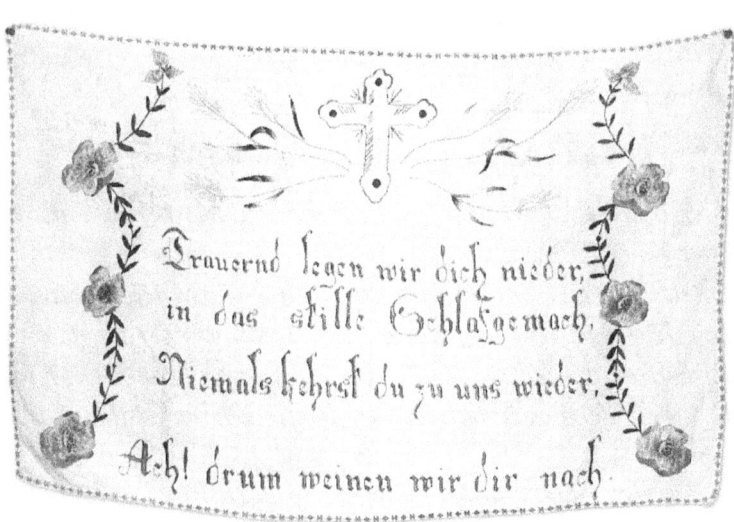

Trauernd legen wir dich nieder,
in das stille Schlafgemach,
Niemals kehrst du zu uns wieder,
Ach! drum weinen wir dir nach.

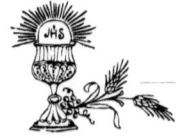

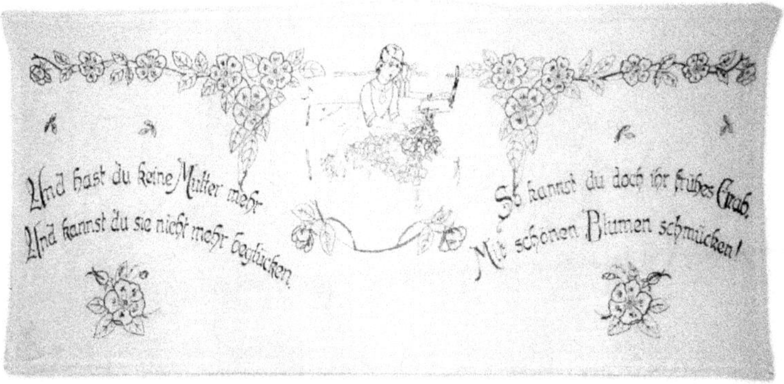

## Glaube & Tod

Und hast du keine Mutter mehr,
Und kannst du sie nicht mehr beglücken,
So kannst du doch ihr frühes Grab,
Mit schönen Blumen schmücken!

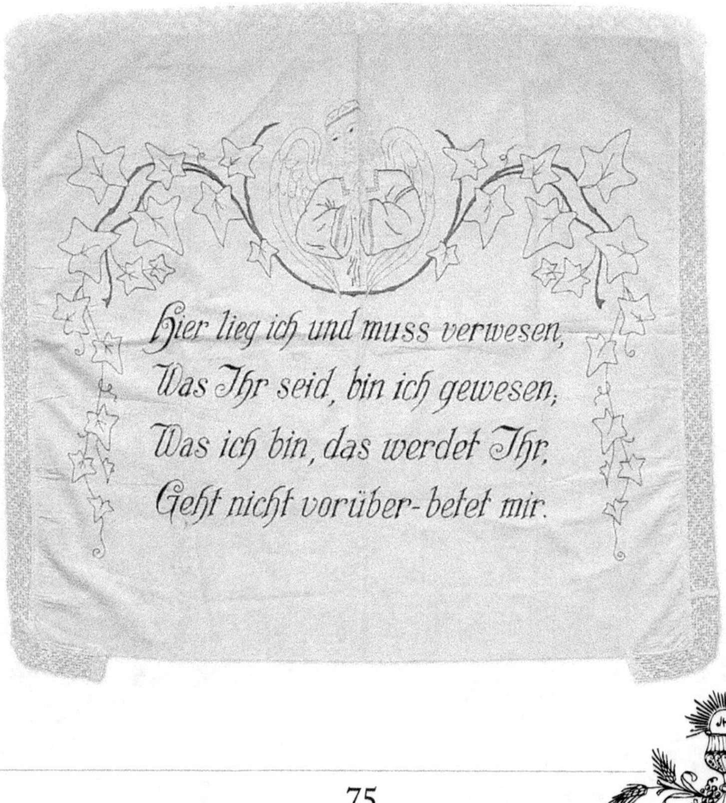

Hier lieg ich und muss verwesen,
Was Ihr seid, bin ich gewesen;
Was ich bin, das werdet Ihr,
Geht nicht vorüber - betet mir.

 *Glaube & Tod*

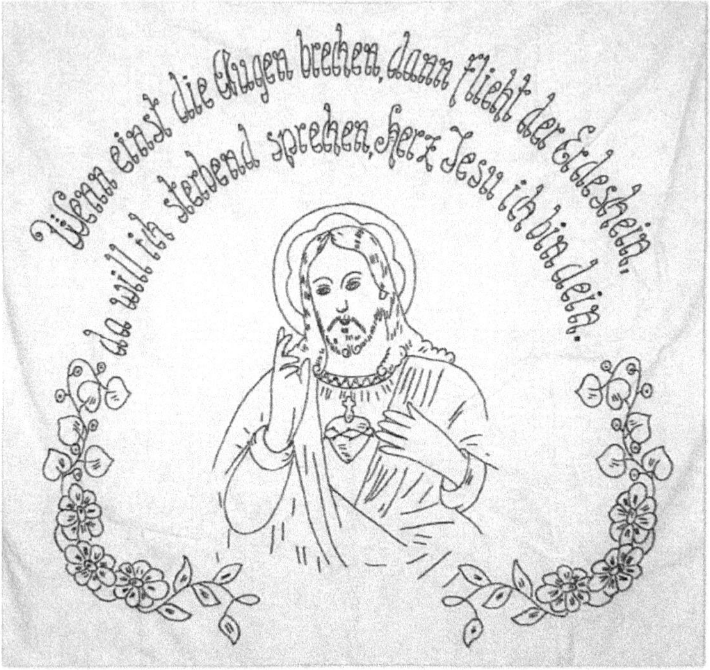

Wenn einst die Augen brechen, dann flieht der Erdenschein,
da will ich sterbend sprechen, Herz Jesu ich bin dein.

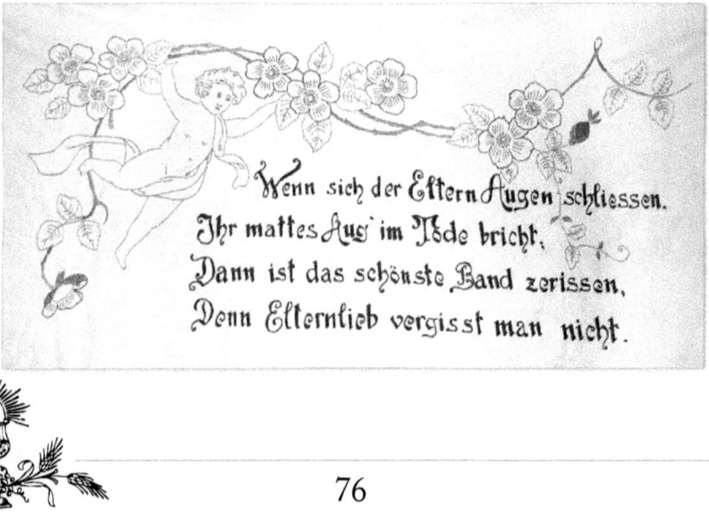

Wenn sich der Eltern Augen schliessen,
Ihr mattes Aug' im Tode bricht,
Dann ist das schönste Band zerrissen,
Denn Elternlieb vergisst man nicht.

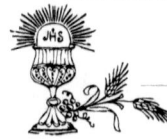

*Glaube & Tod*

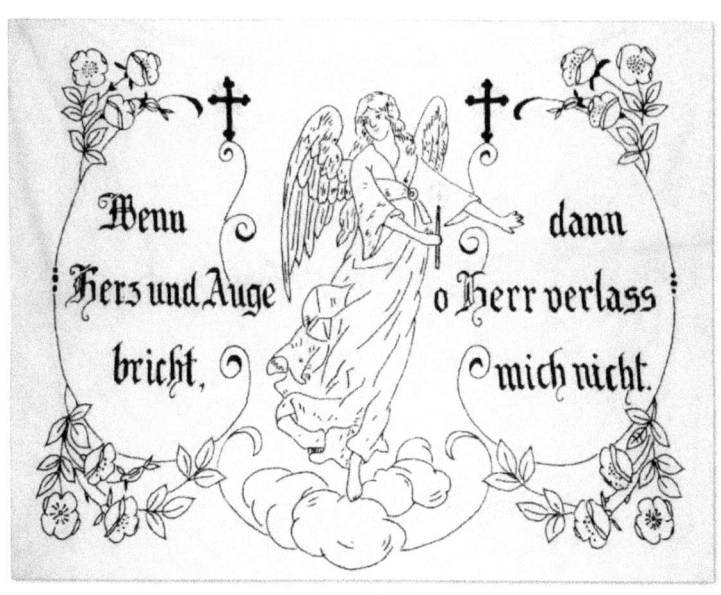

Wenn Herz und Auge bricht, dann o Herr verlass mich nicht.

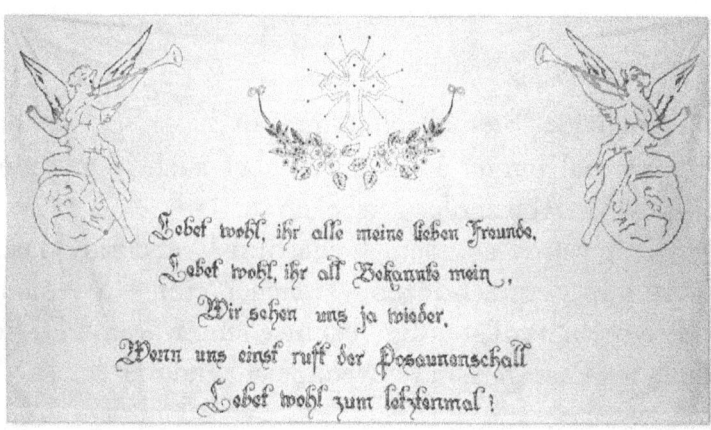

Lebet wohl, ihr alle meine lieben Freunde,
Lebet wohl, ihr all Bekannte mein,
Wir sehen uns ja wieder.
Wenn uns einst ruft der Posaunenschall
Lebet wohl zum letztenmal!

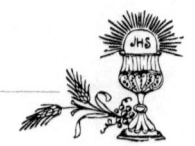

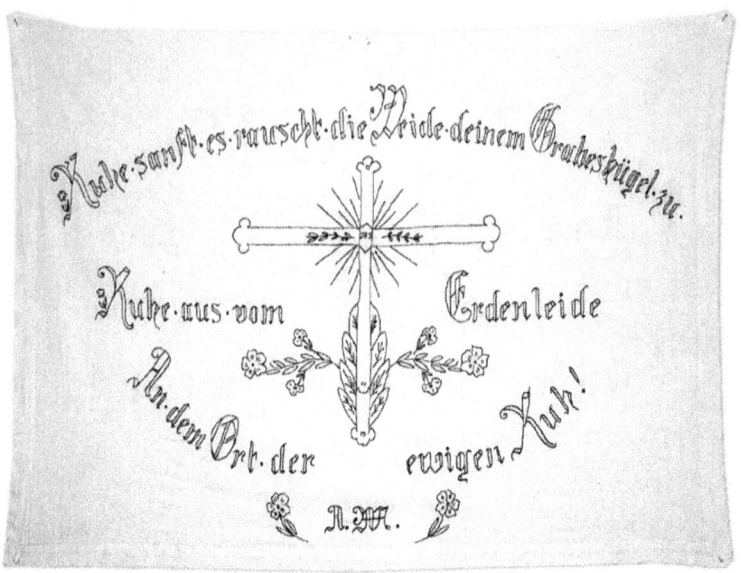

Das folgende "Sterbelied" stammt in dieser Textversion aus dem Salzburger Lungau, ist aber auch in anderen Regionen in Abwandlungen bekannt.
Der Text wurde aus dem Gedächtnis von Frau Maria Santner niedergeschrieben, welcher einige Strophen nicht mehr vollständig erinnerlich waren. Diese fehlenden Passagen sind gekennzeichnet durch "[...]".

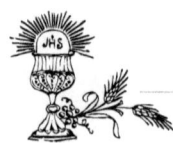

*Glaube & Tod*

*Sterbelied*

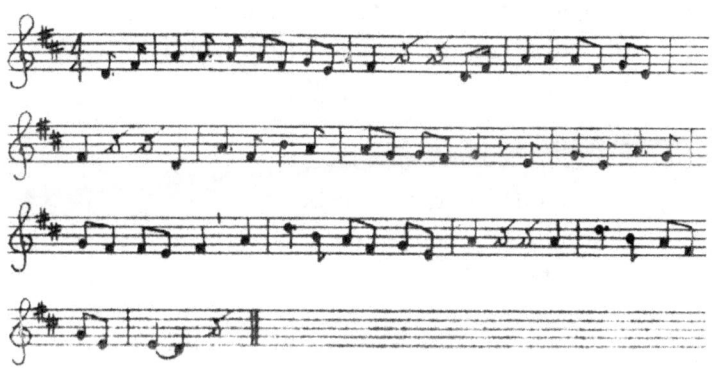

1.
Guate Nacht, guate Nacht o Welt,
du bist gar wohl bestellt.
Ich hab gelebt so viele Jahr,
jetzt sind sie hin, jetzt sind sie gar.
|:Vergangen sind sie schon:|

2.
Guate Nacht, du schönes Haus,
ich muß von dir hinaus,
mein Haus ist jetzt das enge Grab,
muß bleiben bis zum jüngsten Tag
|:Kann ich nicht mehr heraus:|

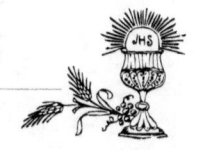

3.
Guate Nacht, mein Haus und Hof,
 hab viel darin gehofft,
hab mich bemühet früh und spat,
daß ich's mit Eifer hab furtgebracht,
[...]

4.
Guate Nacht, du helle Sonn,
du silberfarben Strom,
hast mich [...]

5.
Guate Nacht, o Kinder mein,
kann nicht mehr bei euch sein,
ich hab euch christlich auferzogn,
gebt acht, daß ihr nicht wert betrogn,
|:bitt, meiner nicht vergeßt:|

6.
Guate Nacht, ihr Kinder noch,
ich sag euch es jedoch
was ich euch hinterlassen hab,
mit Redlichkeit dankt ihr die Gab,
|:bedenkt dabei mein Tod.:|

7.
Heiliger Schutzengel mein,
laß mich dir empfohlen sein,
bitt Maria samt ihrem Sohn,
Sankt Josef, dieser große Mann,
|:Die sollen bei mir sein.:|

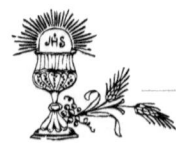

# Haussprüche

## Gott mit uns

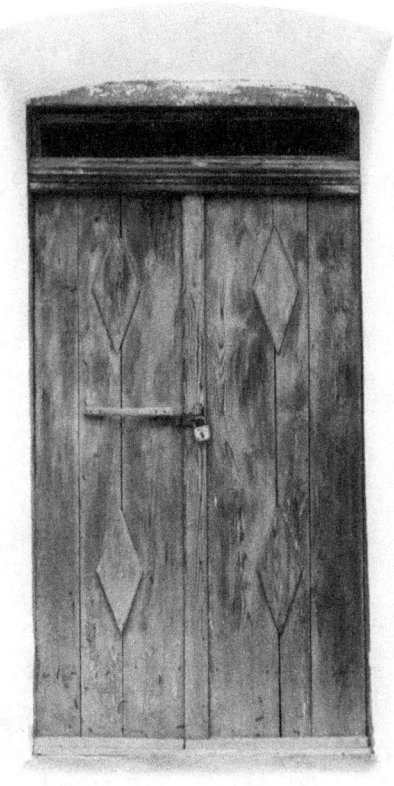

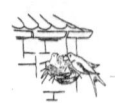 *Haussprüche*

Nicht nur in den Häusern sind Sprüche zu finden, auch außen begrüßt den Besucher so manche liebevoll angebrachte Inschrift.

Waren es in frühen Zeiten Abwehrsymbole gegen böse Geister, die an den Bauernhäusern (meistens über den Türen und an den Giebeln) angebracht wurden, findet man später hauptsächlich religiöse Schutz- und Segenssprüche.

*O Gott ich empfiel mich, in deine Heilige. mach mich nicht Reich und nicht Arm! Reichthum ist gefährlich Armuth ist Beschwerlich darum bitt ich dich! Allein im Mittel Bunkt zu sein! (1889)*

*Haussprüche*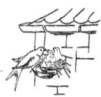

Vieles ist mit den alten Häusern untergegangen. In den letzten Jahren scheint man sich aber an diese Tradition wieder zu erinnern, alte noch vorhandene Sprüche werden restauriert, neue Aufschriften angebracht.

> Dießes Haus gehört mein und
> doch nicht mein. den zweiten wird
> es auch nicht sein den drieten wird
> es übergeben jedoch wird auch
> er nicht Ewig Leben!
> Den Vierten trägt man
> auch hinaus jetzt Frag ich
> wem gehört dies Hauß

*Dieses Haus gehört mein und doch nicht mein den*
*zweiten wird es auch nicht sein den drieten wird*
*es übergeben jedoch wird auch er nicht Ewig Leben!*
*Den Vierten trägt man auch hinaus jetzt frag ich*
*wem gehört dies Haus*

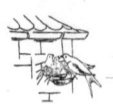 *Haussprüche*

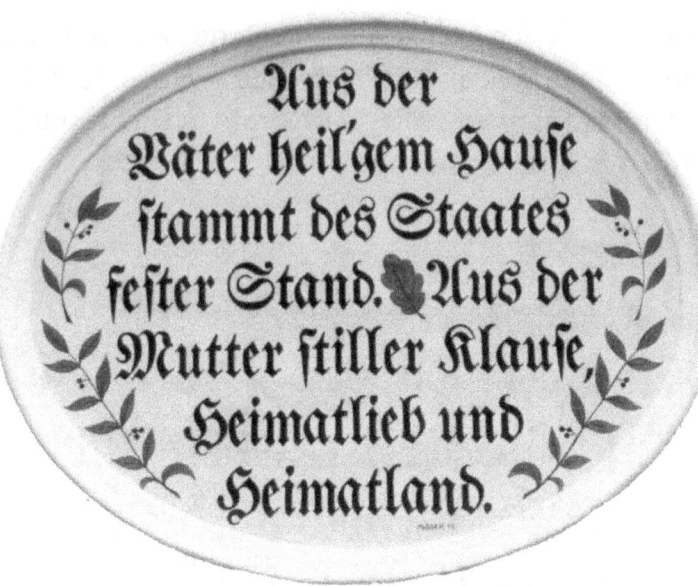

Aus der Väter heil'gem Hause stammt des Staates fester Stand. Aus der Mutter stiller Klause, Heimatlieb und Heimatland.

Heimatlieb' und Glaube stärkt des Volkes Eintracht, es ist die Sonne im Zuhause und der Wahrheit Sieg und Kraft.

> Gott
>
> segne mein Heim
>
> Gott
>
> segne mein Haus
>
> Viel Glück zieh' hinein und keines heraus.

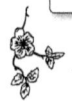

## Haussprüche

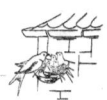

Früh schon am Morgen beginnt der Bauer den Tag
Er hat viel Arbeit und Sorgen, viel Mühe und Plag
Doch königlich darf er sich preisen,
in Freiheit bebaut er sein Feld
Und Gott gibt ihm reichlichen Segen, zu nähren
die hungernde Welt.

---

Herr segne dieses
Haus und alle, die
da gehen ein und aus

---

Nicht Kunst, nicht Fleiß,
Noch Arbeit nützt,
Wenn Gott der Herr
Dies Haus nicht schützt.

---

Lob sei dem Herrn und Dank gebracht,
Der über diesem Haus gewacht,
Mit seinen heiligen Scharen
Und gnädig wollt bewahren.

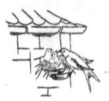

*Haussprüche*

**Von der Mutter
schon als Kind
lernten Deutsch wir
beten
Wollen einst auch
deutsch gesinnt vor
der Herrgott treten**

O. KERNSTOCK
PRIESTER

*Anmerkung der Verfasser: Ottokar Kernstock (1848 - 1928) war Germanist und Theologe und verfasste diverse Werke, darunter auch viele Gedichte. Seine Persönlichkeit ist heute sehr umstritten. Wie ein Großteil der Bevölkerung in den Jahren nach dem ersten Weltkrieg vertrat er eine streng deutschnationale Gesinnung, was seine Werke für die Nationalsozialisten über seinen Tod hinaus zu einem "wertvollen Gut" machten.*

*Haussprüche*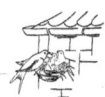

**So mancher Baum wölbt
seine Krone beschützend über
Hof u. Feld daß Blitz u. Sturm
das Gut verschone, daß
unser Haus kein Leid befällt.**

Für Leut' und Haus
und Vieh und Stall
braucht Schutz der Mensch
und Segen
Drum Freund
gedenke überall
des Herrn
über Tod und Leben

# Bewahren & Neues schaffen

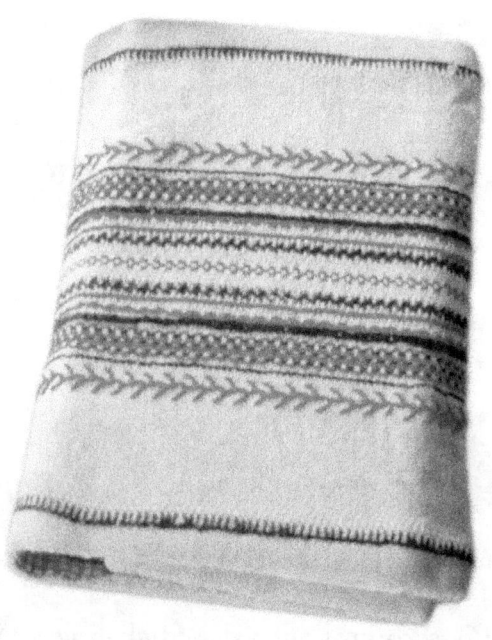

 *Bewahren und Neues schaffen*

In den Zeiten, wo die alten Bauernhäuser modernen Bauten weichen mußten, die Almhütten - von Sennerin und Halter verlassen - verfielen oder zu Ferienunterkünften umgebaut wurden, fanden die traditionellen Wandbehänge meistens keinen Platz mehr.

Aber es gibt auch Ausnahmen, manche Kostbarkeit aus dieser Zeit findet man noch auf Hütten oder sie werden im Schrank als Andenken aufgehoben. Mehr und mehr erhalten sie nun wieder einen Ehrenplatz in den Häusern und Hütten.

> Des Vaters starker Arm
> der Mutter Herz so warm
> der Kinder Arbeitsfleiß
> verschönt den Lebenskreis
> diesem frommen Leben
> möge Gott den Segen geben

 Neuerdings kommt auch das Sticken von Wandbehängen, Zierdeckchen und dergleichen wieder in Mode.

*Bewahren und Neues schaffen*

Wurden früher die Sprüchlein und Stickvorlagen unter Bekannten ausgetauscht oder von der älteren Generation an die jüngere weitergegeben, so sind es heute die Handarbeitsläden, welche Vorlagen, Material, Rat und Tat bereitstellen.

In den Vorräumen (nicht nur) der Bauernhäuser findet man jetzt wieder Wandschoner aus Leinen, bestickt mit Sinnsprüchen oder dem Stammbaum der Besitzer.

Dieses letzte Kapitel zeigt eine Auswahl von Wandschonern und gestickten Ziergegenständen neueren Datums.

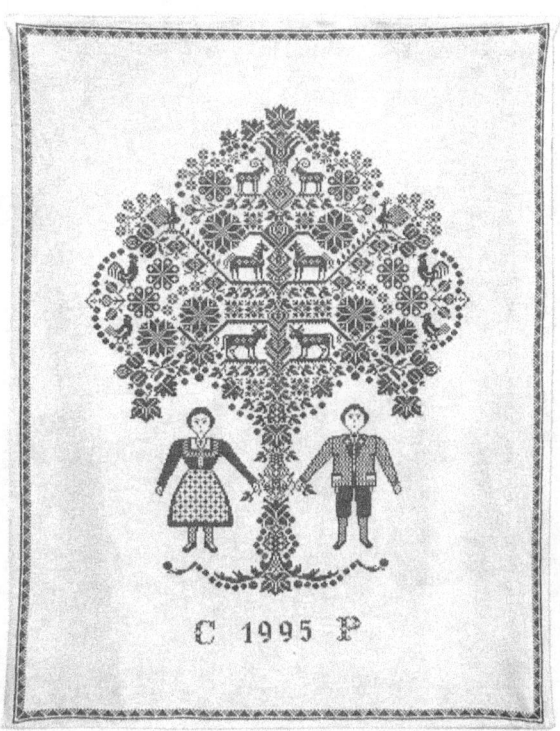

 *Bewahren und Neues schaffen*

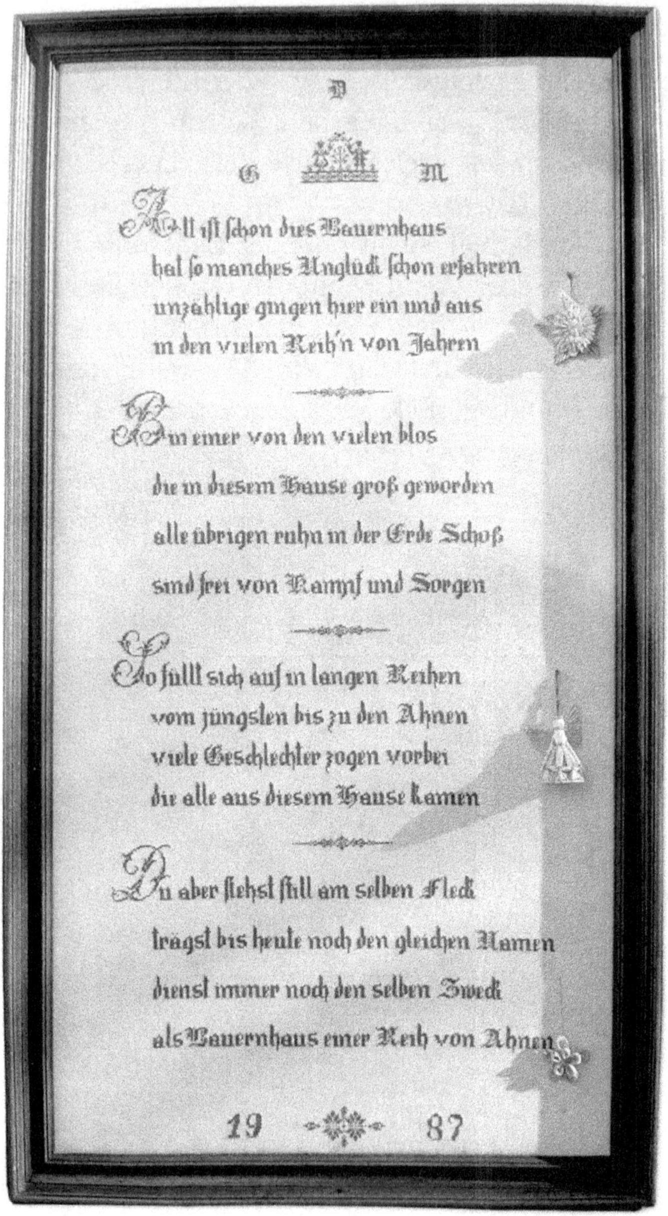

D
G      M

Alt ist schon dies Bauernhaus
hat so manches Unglück schon erfahren
unzählige gingen hier ein und aus
in den vielen Reih'n von Jahren

---

Bin einer von den vielen blos
die in diesem Hause groß geworden
alle übrigen ruh'n in der Erde Schoß
sind frei von Kampf und Sorgen

---

So füllt sich auf in langen Reihen
vom jüngsten bis zu den Ahnen
viele Geschlechter zogen vorbei
die alle aus diesem Hause kamen

---

Du aber stehst still am selben Fleck
trägst bis heute noch den gleichen Namen
dienst immer noch den selben Zweck
als Bauernhaus einer Reih von Ahnen

19    87

 *Bewahren und Neues schaffen*

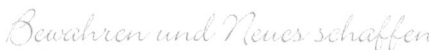

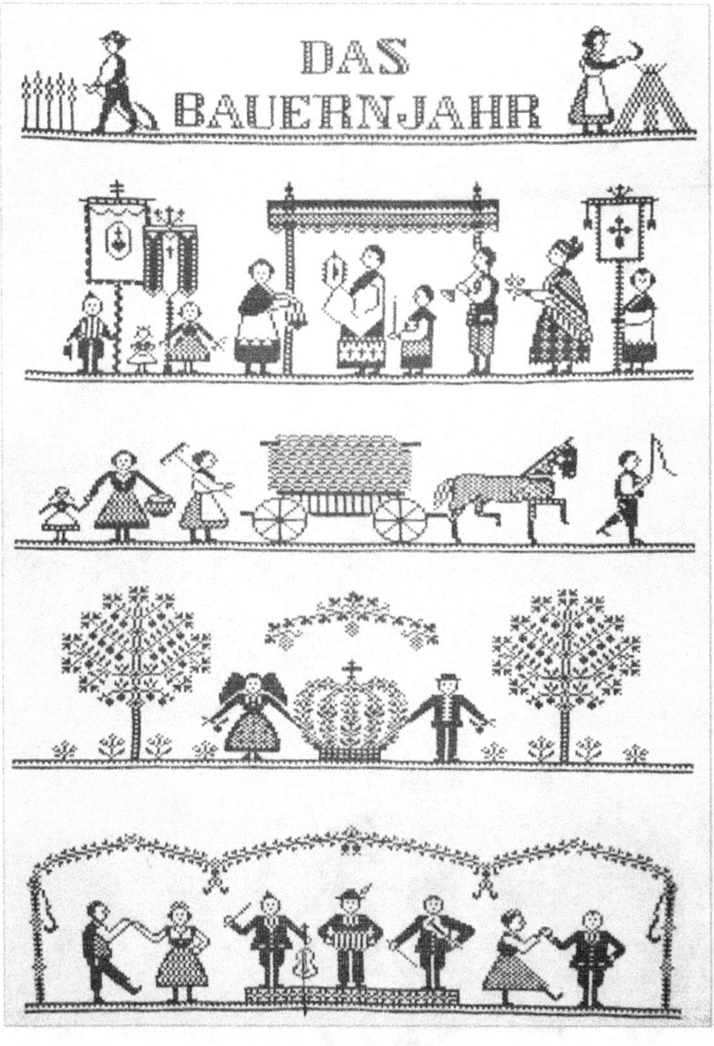

 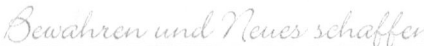 

# Bewahren und Neues schaffen

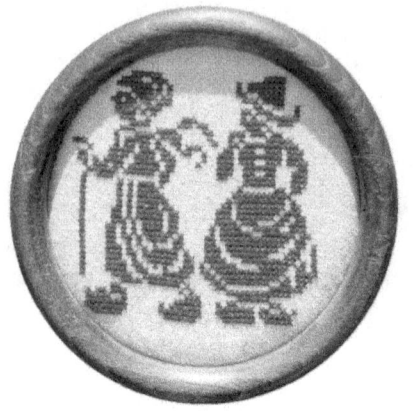

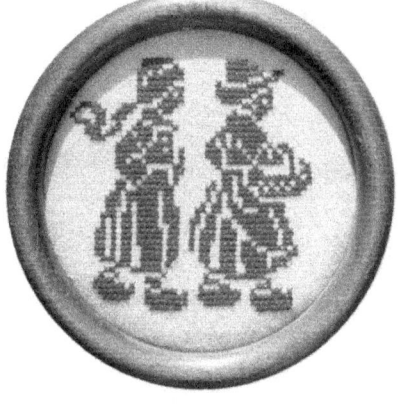

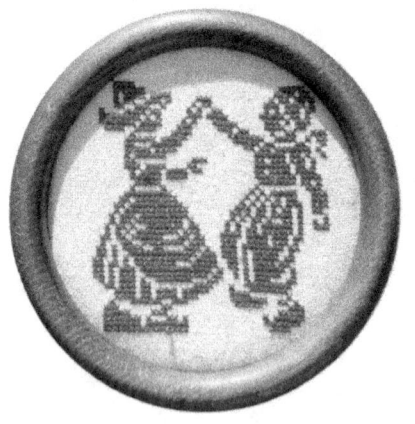

*Bewahren und Neues schaffen*

## Kinder

Was klagst du
über die Spuren der Kinder
über die Striche an der Wand
und die Löcher im Vorhang
eines Tages wirst du sie vermissen
wenn du allein bist

Was stöhnst du
über die zerrissenen Sachen
über den Dreck an ihren Schuhen
und die ganze Unordnung –
bald ist das nur noch Erinnerung
die dir die Augen feucht macht

 Bewahren und Neues schaffen

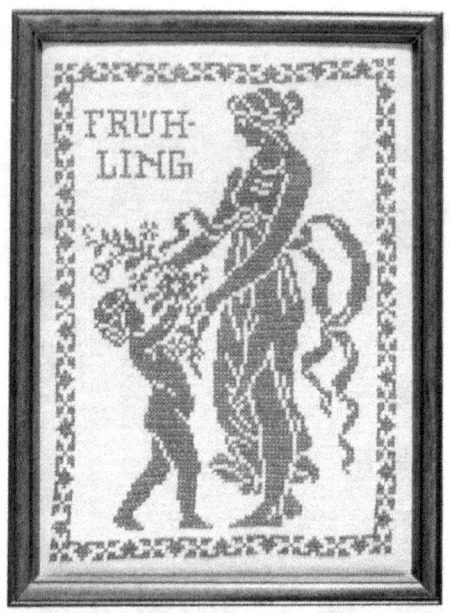

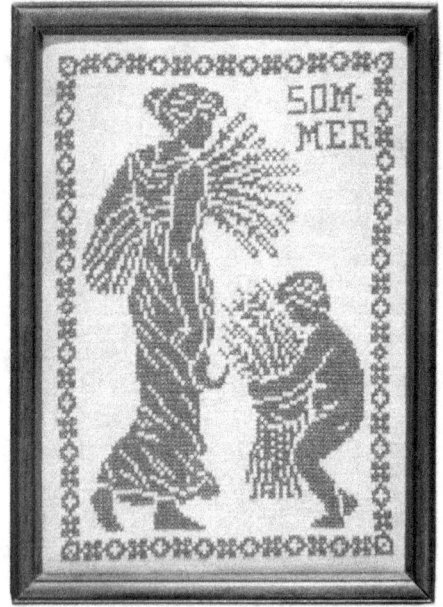

*Bewahren und Neues schaffen*

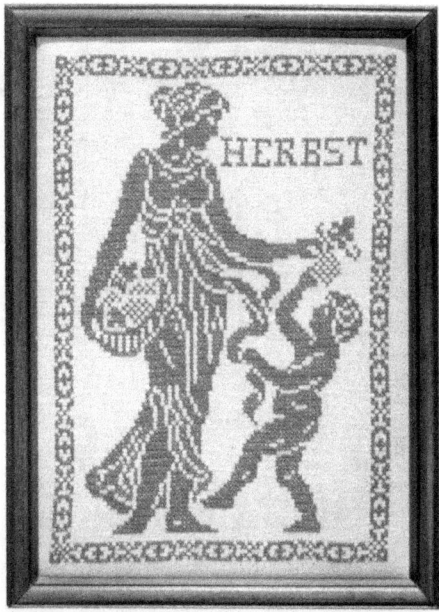

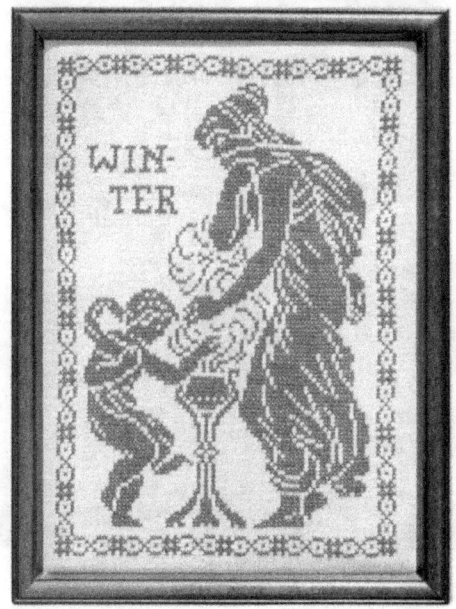

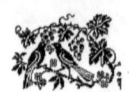 *Bewahren und Neues schaffen*

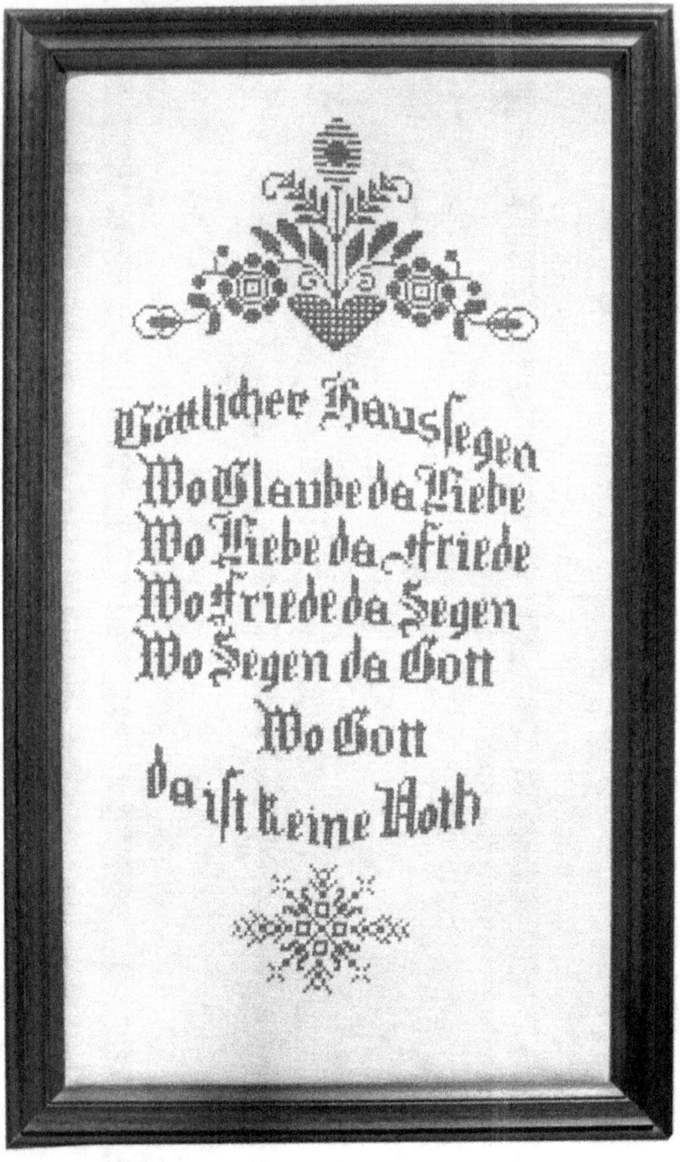

> Göttlicher Haussegen
> Wo Glaube da Liebe
> Wo Liebe da Friede
> Wo Friede da Segen
> Wo Segen da Gott
> Wo Gott
> da ist keine Noth

 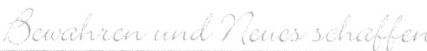 

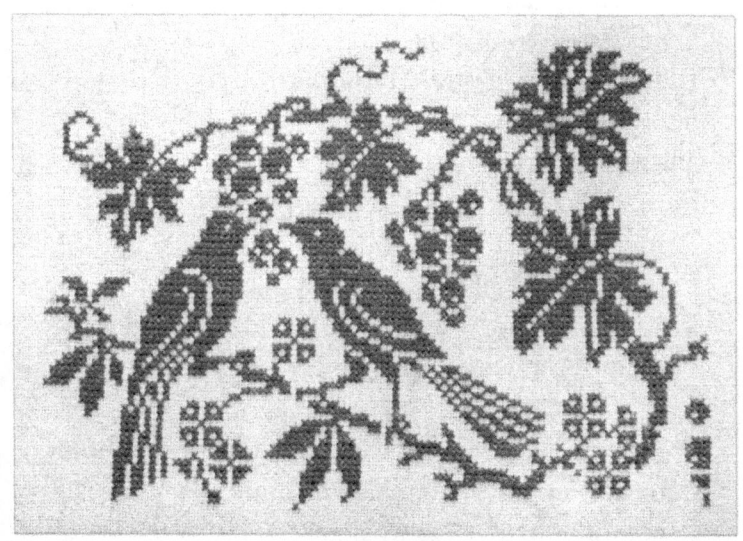

Die Wandschoner wurden uns zur Verfügung gestellt von (alphabetisch gereiht):

Balesic Cilli, Einach
Bauer Helga, Stranach
Bogensperger, Diktlerhütte
Brandstätter Brigitte, Mariapfarr
Dröscher Margarethe, Einach
Engel Ingrid, Stranach
Feuchter Christine, Predlitz
Fritz Hannelore, Predlitz
Fritz Karin, St. Veit i. G.
Hutegger Veronika, Mariapfarr
Kendlbacher Maria, Einöd
Klein Resi, Tamsweg
Koch Anna, Weißpriach
Lüftenegger Martha, Mariapfarr
Moser Marianne, Stranach
Moser Christl, Weißpriach
Perner Christl, Weißpriach
Perner Theresia, Weißpriach
Pertl Frieda, Weißpriach
Prodinger Maria, Pichl
Wiesenegger Maria, Mariapfarr

Sollte ein Name in der Liste fehlen, so möchten sich die Verfasser vielmals entschuldigen - es lag sicher nicht in unserer Absicht!

Ein herzliches Dankeschön gilt auch den beiden Handarbeitsstuben, welche uns mit Rat und Tat zur Seite standen. Beachten Sie dazu bitte die umseitigen Inserate!

# Handarbeitsstube
## „Brigitte"

5571 Mariapfarr 11
Tel. 06473 7122
Inh. Brigitte Brandstätter

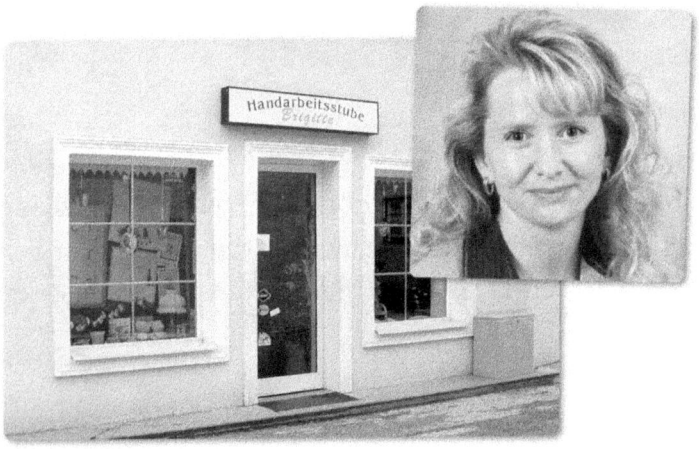

- **Handarbeitskurse**
- **Kinderkurse**
- **Floristikkurse**

- **Keramikmalerei**
- **Töpferrunden**
- **Bastelabende**

Mehr erfahren Sie von mir zu
folgenden Öffnungszeiten:
Mo - Fr 08.30 - 12.00
und 15.00 - 18.00 Uhr

Mittwoch nachmittags und
Samstag geschlossen

# Woll- und Handarbeitsstube
Damenmiederwaren ✦ Kurzwaren ✦ Babycare ✦ Popolino
## Resi Klein
5580 Tamsweg ✦ Murgasse 22 ✦ Tel. und Fax. 06474/2427

Das Fachgeschäft für schöne Handarbeiten!

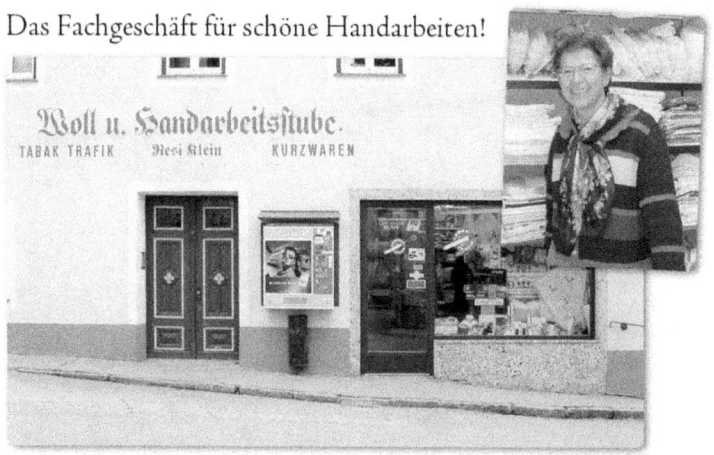

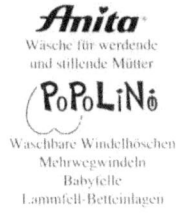

Damaste   Handarbeitsstoffe   nachgemachtes Bauernleinen   Tischdecken werden nach Maß angefertigt (rund oder oval)   Wolle   Garne   Teppiche   Wandbehänge   Gobelinbilder   handgehäkelte Spitzen   Kurzwaren

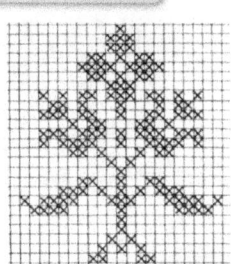

**Medizinische Schaffelle:** Für jung und alt

**Makura Kissen aus Buchweizenspelzen:** Das orientale Geheimnis eines guten Schlafs

MAKURA 枕

Wir freuen uns auf Ihren Besuch und beraten Sie gerne.
Resi Klein & ihr Team